Hans-Joachim Eckstein

Ich schenke deiner Hoffnung Flügel

SCM

SCM

Stiftung Christliche Medien

Dr. Hans-Joachim Eckstein ist Professor für Neues Testament an
der Evangelisch-theologischen Fakultät der Universität Tübingen.
www.ecksteinproduction.com
www.ev-theologie.uni-tuebingen.de/hjeckstein

3., neu bearbeitete und erweiterte Auflage von
»Du hast mir den Himmel geöffnet« 2015

© der deutschen Ausgabe 2001 und 2015:
Hans-Joachim Eckstein
Verlagsrecht dieser Ausgabe:
SCM-Verlag GmbH & Co. KG · 71087 Holzgerlingen
Internet: www.scmedien.de · E-Mail: info@scm-verlag.de

Die Bibelstellen wurden eigenständig übersetzt oder nach der
Lutherbibel, revidierter Text 1984, durchgesehene Ausgabe
in neuer Rechtschreibung, © 1999 Deutsche Bibelgesellschaft,
Stuttgart, zitiert.

Umschlaggestaltung: Burfeind Kommunikation, Hamburg
unter Verwendung eines Motivs von © Marketa Ebert/Thinkstock
Satz: typoscript GmbH, Walddorfhäslach
Druck und Bindung: CPI books GmbH, Leck
Gedruckt in Deutschland
ISBN 978-3-7751-5656-1
Bestell-Nr. 395.656

Die auf den Herrn hoffen,
empfangen neue Kraft,
dass sie auffahren
mit Flügeln wie Adler.

Jes 40,31

EINFÜHRUNG

Neben Glaube und Liebe gilt die Hoffnung als das dritte entscheidende Wesensmerkmal des christlichen Lebens. Die Zuversicht und die Vorfreude auf das Kommende waren für die ersten Christen so bestimmend, dass ihr Glaube insgesamt als »Hoffnungsreligion« bezeichnet werden kann. Dies ist umso bewundernswerter, als ihre äußeren Umstände meist von Schwierigkeiten und Verfolgung geprägt waren. Sie hatten nicht nur trotz, sondern sogar wegen ihres Glaubens Leiden auf sich zu nehmen.

Das Faszinierende an der Hoffnung ist, dass sie bereits positiv wirkt, bevor das freudig Erwartete eingetreten ist. Nicht erst ihre Erfüllung ist also eine Realität, sondern bereits die lebendige Hoffnung selbst. Sie vermag den Menschen sowohl zu allem als sinnvoll und zielführend Erkannten zu *motivieren*, wie sie auch die Kraft gibt, das Mühselige und Leidvolle der Gegenwart vom Ende her zu *relativieren*. So verleiht sie den Hoffenden die Fähigkeit, sich nicht in den Gefühlen und Erfahrungen des Hier und Jetzt zu verlieren, sondern sich vom Dort und Dann der Zusage und der Gewissheit her stärken und beflügeln zu lassen.

Dennoch fällt es uns heute oft schwer, unseren Alltag im Licht einer erfüllenden Hoffnung zu sehen und zu gestalten. Für die einen mögen Gedanken, die sich mit einem Leben über das Sterben hinaus und mit einer ›neuen Schöpfung‹ beschäftigen, schon an sich weltfremd und unzeitgemäß erscheinen. Andere mögen wohl grundsätzlich an den Himmel und die Auferstehung der Toten glauben, ohne damit aber schon positive Gedanken und Vorfreude verbinden zu können. Wo wiederum die ›Lehre von den letzten Dingen‹ noch zum selbstverständlichen Grundbestand von Verkündigung und Glauben gehören, weckt dies noch nicht an sich Zuversicht und Lebensmut, sondern kann gelegentlich eher in den Bereich endzeitlicher Spekulationen führen, die das persönliche Leben wenig – oder doch wenig positiv – berühren.

Wie sieht ein Hoffen aus, das sowohl die offenen Fragen unserer Zukunft aufnimmt als auch zugleich für das gegenwärtige Leben befähigt? Worin besteht die Besonderheit einer begründeten Hoffnung im Unterschied zu Illusion und optimistischem Wunschdenken und im Gegensatz zu Resignation und pessimistischer Mutlosigkeit?

Ob prosaisch oder lyrisch formuliert, ob tröstend und ermutigend oder selbstkritisch und ironisch, durchgängig wollen die Aphorismen, Gedichte und Meditationen dazu einladen, den ursprünglichen Schatz der Hoffnung wiederzuentdecken und seine lebensbereichernde Wirkung neu zu erfahren. Dieser Band bildet als Neuausgabe des bisherigen Titels »Du hast mir den Himmel geöffnet« den Abschluss einer kleinen ›Trilogie‹ zu den drei Grundsäulen: Glaube,

Liebe und Hoffnung. Während das vorliegende Buch vor allem die Aspekte *Hoffnung* und *Lebensgestaltung* im Blick hat, widmen sich »Du liebst mich – also bin ich« den Themen *Liebe* und *Selbstentfaltung* und »Ich habe meine Mitte in dir« der Wirklichkeit des *Glaubens* und der *Alltagsbewältigung*.

Auch wenn viele Hoffnungsvolle darin ihre eigenen Gedanken und Erfahrungen auf den Begriff gebracht sehen mögen, ist »Ich schenke deiner Hoffnung Flügel« vor allem denjenigen gewidmet, die für ihr eigenes Leben und in ihrer Welt gerade keine beflügelnde Vorfreude wahrnehmen können. Und dies gilt unabhängig davon, ob ihnen die Zuversicht und der Lebensmut *trotz* ihres Glaubens, wegen ihres *Zweifels* am Glauben – oder sogar *wegen* ihres eigenen Glaubensverständnisses bisher verborgen blieben. Denn für die Wirklichkeit der biblischen Hoffnung und für die Realität des von Gott geschenkten neuen Lebens gibt es keine – von sich aus zu – hoffnungslosen Fälle!

Hans-Joachim Eckstein

HOFFNUNGSVOLL LEBEN HEISST …

… sich lieber von der
Freude überraschen
und vom Gelingen
widerlegen zu lassen,
als vom Missgeschick
bestätigt zu werden.

… die Schlechtigkeit der Welt
nicht täglich neu entdecken
und beklagen zu müssen,
sondern sie als Tatsache
vorauszusetzen,
um ihr das Bestmögliche
entgegenzusetzen.

… eigene Enttäuschungen
ehrlich einzugestehen,
ohne ihnen zu unterstehen.

… aus schlechten
Erfahrungen zu lernen,
ohne sich von ihrer
besserwisserischen Art
bevormunden zu lassen.

… das Leben nicht als
das schlimmste Problem,
sondern als Teil
der besten Lösung
erleben zu können.

VORFREUDE

Vorfreude ist die Fähigkeit,
vor Freude außer sich zu sein,
obwohl der Grund zur Freude
noch gar nicht bei einem ist.

Vorfreude ist die Kunst,
die angenehmen Folgen
der Erfüllung
schon real zu erleben,
bevor die Voraussetzungen
des Glücks sich überhaupt
verwirklicht haben.

Vorfreude ist eine
bewegende Erfahrung,
bei der die Wirkung
der Ursache zuvorkommt!

WENN ES RUNDGEHT

Es war an einem dieser schönen Tage,
an denen ich getrost ins Leben seh,
da kam mir ohne Vorwarnung die Frage,
ob ich nach oben – oder unten –
auf der Erde steh.

Sie ist gleich einem hochgeworf'nen Balle,
der sich im Farbenspiel zur Sonne dreht.
Was tu ich, dass ich nicht herunterfalle,
wenn es an meiner Seite abwärts geht?

Es komme mir jetzt keiner
mit der Schwerkraft!
Ich spreche von des Lebens Gleichgewicht.
Wo ist der Kern,
der meinen Füßen Halt schafft?
Denn selber bilde ich die Mitte nicht.[1]

VOLLKOMMEN GELIEBT

Gottes Liebe, die
wohl unsichtbar,
aber vollkommen ist,
wird für uns greifbar
in der menschlichen Liebe,
die zwar unvollkommen,
aber sichtbar ist.

Indem Jesus Christus,
Gottes eigener Sohn,
ganz und gar Mensch
wie wir geworden ist,
ist die vollkommene Liebe
des unsichtbaren Gottes
auch für uns Menschen
vollkommen sichtbar
geworden.

EWIG GESTRIG ODER
SCHON HEUTE EWIG?

Der Glaube ist nicht
etwa von *gestern*,
sondern von *morgen* –
und als Christen
dürfen wir das
schon *heute* wissen.

FÜRS LEBEN FREIGESCHWOMMEN

Wie ein Bilderbuch tragen wir unsere Kindheit ein Leben lang mit uns herum, und wir blättern immer wieder darin – ob wir es merken oder nicht. Was wir an Geborgenheit und Zuwendung erlebt haben, bestimmt uns noch Jahrzehnte später und hilft uns zu vertrauen. Die bunten Hoffnungen und Erwartungen unserer ersten Jahre haben wir bei allen späteren Entscheidungen mit im Blick, und wir lassen uns von ihnen – mehr, als wir es ahnen – beeinflussen.

Das heißt nun nicht, dass unser ganzes Leben nur so glücklich werden kann, wie unsere Kindheit war. Im Gegenteil, oft sind es gerade unsere früher unerfüllten Wünsche und enttäuschenden Erfahrungen, die uns als Erwachsene vor Augen stellen, was uns wichtig ist und wie wir mit uns selbst und anderen umgehen wollen. Zudem birgt jede Kindheit in sich tausend Bilder. Es liegt an uns, das große Buch unseres Lebens nach denen zu durchsuchen, die uns in unserer Zuversicht und Entschlossenheit bestärken. Doch ohne Zweifel ist ein Schatz von frühen Eindrücken des Glücks, der Zuneigung und des Gelingens für die Gestaltung unseres späteren Lebens von unfassbarem Wert.

So wird mir selbst für immer unvergessen bleiben, wie ich mich – in des Wortes doppelter Bedeutung –

›freigeschwommen‹ habe und die Begleitung meines Vaters dabei erlebte. Für Kinder hat das Wasser bekanntermaßen eine seltsame Faszination. Sosehr sie sich einerseits von klein auf hingezogen fühlen, haben sie doch größten Respekt davor, sich allein in die bodenlose Tiefe vorzuwagen, um zu erfahren, dass das Wasser – unter welchen kunstvollen Anstrengungen auch immer – einen Menschen trägt.

Um das Ablegen des Schwimmgürtels zu versüßen, versprach mir mein Vater eine Tafel Schokolade – und es wurde daraus nach Rückfrage eine mit Nüssen! Dafür sollte ich vom Rand des ›Schwimmerbeckens‹ zu einer kleinen, künstlichen Insel schwimmen, die an der vorteilhaftesten Stelle – nach meiner heutigen, nüchternen Einschätzung – vielleicht zwei Meter entfernt lag. Das schien aus Kinderperspektive unerreichbar! Aber die Rückkehr von der Insel wurde mir verbindlich zugesichert. Und mir gelang die Strecke, wenn auch beim ersten Mal zur Hälfte unter Wasser. In Gegenwart und mit ermunternden Worten des Vaters, aber *selbstständig* – oder heißt es: ›selbstschwimmig‹? In jedem Fall erlebte ich den Sieg als Grunderfahrung des Vertrauens – in die Zuverlässigkeit des Vaters und in die eigene Möglichkeit der Entfaltung und Überwindung.

Die Hilfe meines Vaters bestand nicht etwa im Festhalten – ich habe ihn bei meinem angestrengten Schwimm-Tauch-Gang weder gespürt noch gesehen –, sie bestand auch nicht darin, dass er mich von meiner Aufgabe wieder entbunden hätte, sondern in der Art, wie er mich auf meinem Weg zu Selbstständigkeit und Selbstbehauptung begleitet hat. Es war das Wissen, dass er da ist, wenn etwas passiert und ich ihn brauche; und es war die Freude, dass er mir zugewandt war und mich auf meinem kleinen Weg ins Leben unterstützte.

Bis heute weiß ich nicht, was mich zu meinem mutigen Schritt mehr antrieb: der süße Lohn, die Anerkennung meines Vaters oder die Befriedigung überwundener Angst und Selbstzweifel. Es kam ja dann auch alles zusammen, als ich unter den stolzen Blicken der Familie nach den ersten zwei Metern meiner Schwimmreife in die versprochene Belohnung biss.

Natürlich wurden nach und nach die Ziele immer mehr hinausgeschoben, bis dann die weiteste Verbindung zwischen Beckenrand und Insel hin und her und ohne Aufsehen bewältigt war. Die Fähigkeit, mich freizuschwimmen, war mir schon längst durch Urkunde und Abzeichen bestätigt, als ich in Gott den Vater erkannte, der mich nicht nur in einem Freibad und in meiner Kindheit, sondern durch mein ganzes Leben hindurch begleiten kann – und will! Nicht dass er immer zu sehen wäre oder seine Hand zu spüren; aber er ist da und weiß, was er uns in welcher Phase unseres Lebens zutrauen kann. Er begleitet uns mit seinem sichernden Arm und seinem aufmunternden Zuspruch zu mancher Insel unseres

Lebens – bis wir zuletzt noch einmal unterwegs sind zu jener fernen Insel, zu der kein Mensch sich ohne seinen Beistand hinwagt.

WAS KEIN AUGE GESEHEN HAT

Wer erkennt, dass er
von Gott wirklich und
vollkommen geliebt ist,
dem erweist sich
das Evangelium als
unglaublich glaubhaft.

Denn ihm wird
Unvorstellbares
vor Augen gestellt.
Er darf Unerhörtes hören
und Unbegreifliches begreifen.

»Was kein Auge gesehen hat
und kein Ohr gehört hat
und in keines Menschen
Herz gekommen ist,
was Gott bereitet hat
denen, die ihn lieben.«

1. Kor 2,9; Jes 64,3

DU BIST EIN WUNSCH!

Du bist ein Wunsch, den
sich Gott selbst erfüllt hat;
bist ein Geschenk, das
sich Gott selber macht.
Du bist auf Erden, weil
er dort im Himmel,
schon eh du warst,
an dich gedacht.

Du warst gewollt, als
du auf diese Welt kamst,
auch wenn kein Mensch
es dir jemals so sagt.
Sollten dich Vater
und Mutter vergessen,
ist einer da,
der nach dir fragt.

Kennst du das Glück,
wenn dich jemand erwartet?
Ist es nicht schön, ganz
willkommen zu sein?
Kennst du die Freude,
wenn andre sich freuen,
nur weil du kommst
und du allein?

Mehr als den Sohn kann
ein Vater nicht senden;
wertvoll bist du, dass
er dir alles gibt.
Mehr als sich selbst kann
der Sohn dir nicht schenken;
ahnst du es jetzt,
wie sehr er dich liebt?

Du bist ein Wunsch, den
sich Gott selbst erfüllt hat;
bist ein Geschenk, das
sich Gott selber macht.
Du bist auf Erden, weil
er dort im Himmel,
schon eh du warst,
an dich gedacht.

Jes 49,15; Lk 15,1-32; Joh 3,16; 15,16;
Röm 5,5-8; 8,28-39; Gal 2,20; Eph 1,4f.

GLAUBST DU DAS?

Ich kann nicht frei sein,
ohne mich zu lösen.

Ich kann nicht neu anfangen,
es sei denn, ich erkenne,
dass es Altes zu beenden gilt.

Ich werde die Wahrheit
über mein Leben
nicht herausfinden,
solange ich mich
hinter meinen
Lebenslügen
verstecke.

Ich habe keine Hand frei,
das Leben zu ergreifen,
während ich mich
ängstlich
mit beiden Händen
an das klammere,
was mein Leben
einschränkt.

Die Kraft, die mich
loslassen lässt,
bevor ich ergreife,
und die mich hoffen lässt,
bevor ich sehe,
ist das Vertrauen.

Vertrauen kann ich
von mir aus
nicht herstellen,
sondern es wird
in mir geschaffen.
Vertrauen kann ich
selbst nicht abrufen,
aber es wird in mir
erweckt, gebildet
und hervorgerufen –
von dem, der selbst
vertrauenswürdig ist.

»Fürchte dich nicht länger,
glaube nur!«

»Alle Dinge sind möglich
dem, der da glaubt.« –
»Ich glaube,
hilf meinem Unglauben!«

Mk 5,36; 9,23 f.

ARM UND REICH
»WIE EIN KIND« ODER
WIE DER REICHE JÜNGLING?

Wie reich bin ich
in Gottes Arm.
Und wie arm wäre ich
ohne sein Reich.

Lieber arm und
in Gottes Reich,
als reich und nicht
in Gottes Arm.

»Lasst die Kinder zu mir kommen
und wehret ihnen nicht; denn
solchen gehört das Reich Gottes …«

»Wer das Reich Gottes
nicht empfängt wie ein Kind,
der wird nicht hineinkommen.«
Und er herzte sie und
legte die Hände auf sie
und segnete sie.

Mk 10,14-16; vgl. 10,21 f.

EIN HOFFNUNGSLOSER FALL?

You can never
be too dead
for resurrection!

Für die
Auferstehung
kannst du
niemals
zu tot sein!

Nach einem Graffiti

ICH HABE ES JA GLEICH GEWUSST!

Für jemanden, der an die Zukunft
Gottes mit seinen Menschen glaubt,
lohnt es sich eigentlich nicht,
erklärter Pessimist zu sein.

Er mag sich zwar infolge
seiner negativen Erfahrungen
sein halbes Leben lang
missmutig bestätigt sehen;
am Ende wird er jedoch
einmal eingestehen müssen,
dass er mit seiner Geringschätzung
der Zuversicht und des Vertrauens
die andere und entscheidende
Hälfte der Wahrheit
ständig unterschlagen hat.

Warum sollte er aber an seiner
negativen Einstellung festhalten,
wenn er schon jetzt genau weiß,
dass er zu guter Letzt
und im Angesicht Gottes
der lebensbejahenden Hoffnung
ohnehin einmal recht geben wird?

SIEH DIE STERNE HOCH AM HIMMEL

Sieh die Sterne hoch am Himmel,
zähl die Körner dort im Sand!
So will ich dich reichlich segnen.
Ziehe in mein Land!

Segnen will ich dich allezeit,
Segen sollst du sein.
Geh, wohin ich dich führen will,
lass dich auf mich ein!

Ich will an deiner Seite sein
als dein Schutz und Schild.
Fürchte dich nicht und traue mir!
Was ich sage, gilt.

Hoffe, wo nichts zu hoffen ist,
glaub und zweifle nicht!
Sei gewiss, dass ich halten kann,
was mein Wort verspricht.

Tage kommen, da wirst du mich
nicht sogleich verstehn.
Doch vertrau mir, ich sorg für dich,
werde nach dir sehn.

Einmal wird dir vor Augen stehn,
wie ich dich geführt,
all der Segen, den ich dir gab –
hast du ihn gespürt?

Sieh die Sterne hoch am Himmel,
zähl die Körner dort im Sand!
So will ich dich reichlich segnen.
Ziehe in mein Land![2]

1. Mose 12,1-3; 15,1-6; 17,1-8; 22,1-19;
Joh 8,56; Röm 4,17-21; Hebr 11,8-19

IN GOTTES HAND

In deiner Hand
      bin ich geborgen,

in deiner Liebe
      kann ich ruhen.

Wenn du mich hältst,
      bin ich gelassen,

und freu' mich
      auf den neuen Morgen.

Ps 3,6; 4,9; 37,9; 63,9; 139,5.10

DEN HIMMEL OFFEN SEHEN

Und das Wort wurde Fleisch
und wohnte unter uns,
und wir sahen seine Herrlichkeit.

Ihr werdet den Himmel geöffnet sehen
und die Engel Gottes
hinauf- und herabsteigen
über dem Menschensohn.

Noch eine kurze Zeit, dann wird
die Welt mich nicht mehr sehen.
Ihr aber werdet mich sehen, denn
ich lebe und ihr werdet auch leben.

Auch ihr habt nun Traurigkeit;
aber ich will euch wiedersehen.
Dann wird sich euer Herz freuen,
und eure Freude wird euch
niemand nehmen.

Joh 1,14.51; 14,19; 16,22

ERRARE HUMANUM EST –
MENSCHSEIN IST IRRE!

Dass wir ganz
Mensch sein können,
dass wir angenommen
und anerkannt werden –
so, wie wir wirklich sind,
und nicht nur, wie wir
eigentlich sein sollten –,
dass wir immer wieder
neu anfangen dürfen,
selbst wenn wir versagt haben,
und dass unser Leben trotz all
unserer Unzulänglichkeiten
einen Sinn hat –
ist das nicht irre?

Wie? Was?
Errare humanum est
bedeutet gar nicht:
»Menschsein ist irre!«?
Na ja, irren ist menschlich!

WÄNDE OHNE TÜREN

Es mag in aussichtslosen
Zeiten so erscheinen,
als gäbe es in dem Haus
unseres Lebens
nur noch hohe Räume,
aber keine Türen
und Fenster mehr.

Auch wenn Umstehende
unsere Situation gar nicht
als ausweglos einstufen,
können wir selbst darin doch
in Angst und Wut verzweifeln.

Dabei ähneln wir ein wenig
jenem Betrunkenen, der
auf seinem schwankenden
Heimweg endlich Halt
an einer Litfaßsäule fand.
Als er zahllose Runden –
an die Säule gestützt –
im Kreis gelaufen war,
stöhnte er weinerlich:
»Wo geht's denn hier raus?«

Lachen Sie nicht!
Aus seiner subjektiven –
wenn auch durch die
Umstände getrübten –
Perspektive
hatte der Mann ja recht:
Die Wand, gegen die
er vergeblich mit den
Fäusten trommelte,
hatte wirklich keine Türen.

WIR ARBEITEN DARAN

»Woran arbeiten Sie?«,
fragt ihr.
»An einem neuen Buch?« –
»An *mir*.«[3]

»Sollte man damit
nicht einmal
ans Ende gelangen?« –
»Gegenfrage:
Haben Sie schon
damit angefangen?«

MIT ANDEREN WORTEN
ODER: ÜBER DEN GEBRAUCH
DER MODALVERBEN

Wenn einer schon sagt:
»Wir *müssen* lieben!«,
dann meint er wohl
in Wahrheit eher:
»Wir lieben es zu müssen!«

Wenn einer ständig beteuert:
»Wir *sollten* unbedingt etwas tun!«,
dann zeugt die Betonung des Sollens
wohl mehr von der
Verschleierung des Unwillens
als von dem entschiedenen Willen
zum wirksamen Handeln.

Wenn einer aufgesetzt formuliert,
er *dürfe* dieses oder jenes
erleben, tun oder genießen,
dann weiß die Umgebung nie genau,
ob sie die Äußerung als dankbar
oder doch vielleicht als
vorwurfsvoll zu deuten hat.

Und wenn wir jetzt meinen,
dass wir unser verdrehtes
und widersprüchliches Reden
ganz dringend und ab sofort
ändern sollten,
dann müssen wir fragen dürfen,
ob wir es auch wirklich so meinen.

DIE SEHNSUCHT HAT EINEN NAMEN
ZUM VERHÄLTNIS VON GLAUBE UND LEBEN

»Wer von diesem Wasser trinkt,
den wird wieder dürsten.
Wer aber von dem Wasser trinkt,
das ich ihm gebe,
den wird niemals mehr dürsten,
sondern das Wasser, das ich ihm gebe,
wird in ihm eine Quelle des Wassers werden,
das in das ewige Leben quillt.«

»Ich bin das Brot des Lebens.
Wer zu mir kommt, den wird
ganz gewiss nicht hungern;
und wer an mich glaubt,
den wird ganz bestimmt
niemals mehr dürsten.«

Anders als manche Frömmigkeit weiß
und es sich der Kleinglaube vorstellt,
verbindet sich in Jesus Christus
ein konsequent gelebter Glaube
mit einem versöhnten, zuversichtlichen
und tief befriedigenden Leben.

Ob wir selbst nun unsere
Sehnsucht nach Leben
noch nicht mit dem Glauben
an Christus verbinden
oder ob wir unseren Glauben
bisher nicht als beglückendes
und gelingendes Leben
erfahren haben –
in beiden Fällen halten
das Geheimnis Jesu Christi
und das Geheimnis des Lebens
für uns noch viel mehr bereit,
als wir bisher ahnen.

Denn in einem
lebendig gelebten Glauben
und in einem
vom Glauben erfüllten Leben
rufen der Lebenshunger
wie auch der Glaubensdurst
nach dem gleichen Namen!

»Ich bin gekommen,
damit sie Leben haben –
und es im Überfluss haben.«

Joh 4,13 f.; 6,35; 10,10

DER HERR IST AUFERSTANDEN!

Eines Freitagabends kommt
Joseph von Arimathia,
ein angesehener Ratsherr,
nach Hause und begrüßt
seine Frau mit den Worten:

»Ich muss dir etwas gestehen:
Gerade habe ich unser
neu angelegtes Familiengrab
für jemand anderen
zur Verfügung gestellt.«

Antwortet seine Frau erregt:
»Wir haben es doch für uns
gerade erst mit großem Aufwand
in den Fels schlagen lassen!«

Erwidert Joseph so überraschend
wie für sie beruhigend:

»Aber es ist doch nur vorübergehend!«

Mk 15,42-16,8; Lk 24,34

BEDEUTUNGSVOLL

Glauben bedeutet:

Jesus Christus
als den aus Liebe zu uns
am Kreuz Gestorbenen
und für uns Auferstandenen
erkennen,

ihn als den Herrn der Welt
und des eigenen Lebens
anerkennen

und ihn als den in uns und
unter uns Gegenwärtigen
in Worten und Verhalten
bekennen.

SALOME

Von all den Personen,
die das Evangelium
von Jesus Christus
namentlich erwähnt,
bist du wohl eine der
unbekanntesten.

Dabei gehörst du zu
dem kleinen Kreis derer,
die Jesus nicht nur in Galiläa
und hinauf bis Jerusalem
mit ihrem Dienst begleiteten,
sondern auch in der Stunde
seiner Kreuzigung noch
in seiner Nähe blieben.

Ja, als eine der Frauen,
die am Ostermorgen
ihren gekreuzigten Herrn
am Grab besuchen und ihn
mit wohlriechenden Ölen
ehren wollten,
hörtest du die Botschaft
der Auferstehung zuerst
– und aus dem Munde
eines himmlischen Boten.

So wurdet ihr zum Vorbild
für die Frauen und Männer,
die – wie ihr – ihrem Herrn
ohne Scheu nachfolgen
und bis hin zum Kreuz
bei ihm bleiben wollen.
Und dennoch könnten
viele von ihnen
deinen Namen nicht nennen
und würden dich leicht
mit anderen verwechseln.

Berühmt geworden und
von allen Evangelien bezeugt
ist vielmehr deine
Glaubensschwester
Maria von Magdala,
deren wunderbare Befreiung
durch Jesus niemand vergisst.

Berühmt geworden und berüchtigt
ist auch deine unselige
Namensschwester Salome,
die Tochter der Herodias,
die zu gelegener Stunde
und auf Drängen ihrer Mutter
das Haupt Johannes' des Täufers
von ihrem – durch sie betörten –
Stiefvater Herodes erbat.

Dein Name aber wird allein
im Evangelium nach Markus
aus alter Quelle überliefert,
während die anderen Evangelisten
diese oder jene Zeugin namentlich
erwähnen – doch nicht dich.

Im Buch des Lebens freilich
wird man deinen Namen
einst geschrieben finden!
Christus verwechselt und
vergisst die Namen derer
nämlich nicht,
die ihm in Anfechtung und Not
mit ihrem Dienen und Bekennen
noch die Treue halten.

Mk 15,40f.; 16,1ff.[4]

DER DIE STÜRME STILLT

»Was seid ihr so furchtsam?
Habt ihr noch keinen Glauben?«
Und sie fürchteten sich sehr
und sprachen untereinander:
»Wer ist der?
Selbst Wind und Meer
sind ihm gehorsam!«

Christus wird sich in unserem Leben
mindestens als so groß erweisen,
wie wir es ihm zutrauen und glauben –
nie als kleiner, aber meistens als größer.

Denn Christus ist nicht
nur mächtig und wirksam,
weil wir an ihn glauben,
sondern wir können ihm
vorbehaltlos vertrauen,
weil er unbedingt treu
und glaubwürdig ist.

Mk 4,40 f.

UNGLAUBLICH SCHÖN!

Was ist die schönste
Form des Zweifels
und die sympathischste
Art des Nichtglaubens?

Wenn wir die gute
Nachricht Gottes
von der Auferweckung
des Gekreuzigten
wie die ersten Jünger
nicht glauben können
– und zwar
vor lauter Freude!

»Da sie aber noch
nicht glaubten
vor Freude…«

Lk 24,41

WAS FEHLT ZUM GLÜCK?

In Wörterbüchern kann man lesen,
Glück sei ein seelisch gehobener Zustand,
der sich aus der Erfüllung
derjenigen Wünsche ergibt,
die dem Menschen wesentlich sind.

Ohne offene Wünsche
keine Wunscherfüllung,
ohne Angewiesensein auf andere
keine Erfahrung von Zuwendung,
ohne die Notwendigkeit zu handeln
keine Bestätigung durch Erfolg,
ohne das Wissen um Einsamkeit
kein Überwältigtsein von Zweisamkeit,
ohne die Herausforderung des Kampfes
keine Möglichkeit des Siegens.

Wer keine Ziele mehr hat,
kann auch keine erreichen;
und wer nicht an der Ferne leidet,
kennt nicht die Freude der Heimkehr.

Wo nichts Bedeutendes
mehr aussteht,
kann auch nichts Bedeutendes
mehr eintreten.

So kommt mir in meiner
halbzufriedenen Situation
nicht nur die Frage:
»Was fehlt mir zum Glück?«,
sondern zugleich die
beruhigende Einsicht:
»*Zum Glück* fehlt mir was!«

JENSEITS DES SCHLARAFFENLANDES
DAS GLÜCK HAT MEHR ALS EIN GESICHT

Unsere Fantasie von einer heilen Welt und einem märchenhaften Wunschland ist seit alter Zeit mit dem Traum vom Schlaraffenland verbunden. Dort darf sich die Faulheit Tugend nennen, und der Fleiß ist als Laster verpönt. Dort sollen Milch und Honig fließen und die gebratenen Tauben dem Bequemen in den Mund fliegen.

In unserem Alltag mögen wir häufig so überlastet und erschöpft sein, dass uns nichts erstrebenswerter erscheint, als für lange Zeit – und sicher länger als für einen kurzen Urlaub – gar nichts zu tun und nur zu entspannen, zu genießen und Spaß zu haben. Auf Dauer würde uns freilich sogar das Nichtstun lästig und das Genießen langweilig werden. Wir würden im Schlaraffenland, so seltsam das auch klingen mag, nachdem wir satt und von der Trägheit müde sind, am Ende Heimweh nach dem alten Leben haben.

Wir sind als Menschen nicht dazu geschaffen, nichts zu tun, und unsere Entspannung und Befriedigung leben davon, dass sie unsere Anspannung und unsere Bedürfnisse ablösen. Wenn aber die Problembewältigung, der Wechsel unserer Befindlichkeit und die Erfahrung eigener Stärke für uns als Geschöpfe wesentlich sind, dann sind sie auch aus einem ideal gedachten irdischen Leben nicht hinwegzudenken. Zu einem erfüllten und als sinnvoll empfundenen Leben gehören die Herausforderungen dazu. Die Erfahrung von Glück gründet in dem Erreichen von Zielen und in der Erfüllung von Hoffnungen. Vor allem aber krankt der Traum vom Schlaraffenland an einer Verkennung des breiten Spektrums unserer Lebensinteressen.

1.) Gewiss gehört zu unserem Glück zunächst, dass unsere *grundlegenden Bedürfnisse* wie die nach Atmen, Trinken, Essen, Schlafen und nach äußerer Unversehrtheit weitgehend gestillt werden. Solange wir um diese elementaren Ziele kämpfen müssen, treten andere Gedanken und Absichten eher zurück. Das hat den Vorteil, dass wir uns in Zeiten bedrohlicher Not wie von selbst auf das konzentrieren, was für unser Überleben unabkömmlich ist.

2.) Darüber hinaus gibt es freilich noch ganz andere Lebensziele, die über das vordergründige Stillen und Befriedigen unserer Grundbedürfnisse hinausgehen. Ein zweites Motiv, das uns viel mehr, als wir es uns eingestehen, antreibt, ist unser tiefes Begehren nach *Zuwendung* und *Anerkennung*, nach *Gemeinschaft* und *Zugehörigkeit*. In unserer frühkindlichen Erfahrung mögen beide Gesichtspunkte durchaus zusammenfallen, da wir zur Stillung unserer Grundbedürfnisse auf die persönliche Zuneigung und Fürsorge unserer Ernährer angewiesen sind. Für uns Erwachsene aber lässt sich das umfassende

Verlangen nach Liebe nicht in einer einseitigen Erwartung an andere erfüllend ausleben. Wir sind nicht nur dazu geboren zu empfangen, sondern auch zu geben, Verantwortung zu übernehmen und uns anderen Menschen zuzuwenden. Die Glückserfahrung einer gegenseitigen Liebe, Anerkennung und Aufwertung lässt sich durch ichbezogene Formen der Selbstbestätigung und der aggressiven Selbstbehauptung keineswegs erübrigen. Wir mögen zwar in dauernder ›Stillung‹ unserer Grundbedürfnisse und in rücksichtsloser Durchsetzung gegen andere einen Ersatz für die Liebe suchen; wirklich befriedigen – d. h. zum umfassenden Frieden bringen – können wir unsere Sehnsucht nach gegenseitiger Zuneigung und Aufmerksamkeit dadurch freilich nicht.

3.) Ein weiterer Beweggrund für unsere Lebensentfaltung ist unser tiefes Interesse für *Erlebnisse* und unser Wunsch nach *neuen Erfahrungen*. Auf diese Weise werden wir angeregt, unsere Situation gegebenenfalls umzugestalten und zu verbessern. Wenn wir gesund und munter sind, dann zieht es uns hinaus, um Neues zu sehen, zu spüren und zu lernen. Wobei für unser tiefes Glück entscheidend ist, dass wir nicht nur über das Erleben anderer unterhalten werden und uns über fremde Erfahrungen amüsieren, sondern das Leben selbst und unmittelbar am eigenen Leib erfahren. Die Faulheit als Grundbefindlichkeit ist kein Ausdruck von Lebensfreude, sondern von mangelnder Lebenskraft.

4.) Damit verbunden haben wir auch ein elementares Bedürfnis nach *schöpferischer Mitgestaltung* und zunehmender *Entfaltung unseres Lebens*. Glücklicher als das Nichtstun macht uns das Tun von etwas, was wir als erstrebenswert und sinnvoll empfinden können. Wir erleben unsere schöpferischen Phasen oft als viel befriedigender und aufbauender als die Zeiten der Bequemlichkeit und Untätigkeit. Damit ist nicht etwa gemeint, dass jede Form von Arbeit und Mühe schon als beglückend erlebt werden könnte. Es geht hier vielmehr um die Tätigkeiten, in denen wir uns mit dem, was uns wichtig ist und was wir an uns schätzen, verwirklichen können. Wenn wir jedoch etwas als sinnvoll erkennen, dann darf die Umsetzung unseres Vorhabens durchaus auch aufwendig und langwierig sein. Auf dem Weg zu einem erstrebenswerten Ziel lassen wir uns durch die Anstrengungen an sich unsere Freude noch nicht nehmen. Als Geschöpfe genießen wir es, uns in der Entfaltung unserer Kreativität zu erschöpfen. Und kaum etwas lässt uns so zufrieden sein wie die Erfüllung eines lange gehegten Wunsches und das Gelingen eines uns wichtigen Vorhabens.

5.) Neben all diesen – sich vor allem aktiv äußernden – Antrieben haben wir schließlich auch ein tiefes Verlangen nach *Ruhe*, *Harmonie* und *Geborgenheit*. Wir sehnen uns danach, *im Einklang zu sein* – mit uns selbst, mit unserem Leben, mit unseren Werten und mit den uns wichtigen Personen. Wir genießen es, in Übereinstimmung zu sein und zu einem Ganzen dazuzugehören. Wir brauchen zu unserem ungetrübten Glück die Gewissheit der Versöhnung – auch hinsichtlich unserer Schwächen, unseres Versagens und unseres Missgeschicks, und wir hoffen darauf, im ganz umfassenden Sinne im Frieden leben zu können.

Im Ablauf unserer Lebensphasen kann unser vielfältiges Wünschen durchaus verschieden gewichtet sein; und häufig werden die Schwerpunkte unserer Interessen sich in der beschriebenen Abfolge entwickeln und verlagern. Dabei vermögen wir mit einer erstaunlichen Energie auch Zeiten zu überbrücken, in denen wesentliche Bedürfnisse unseres Lebens nicht in der gewünschten Weise zur Erfüllung kommen. Ja, zur Erreichung eines dringenden und unaufgebbaren Lebensziels vermögen wir fast übermenschliche Kräfte auf eine Aufgabe zu konzentrieren.

Das ändert aber nichts daran, dass unser eigentliches Streben und unsere – eingestandene oder auch uneingestandene – Sehnsucht nach einem erfüllten und wesentlichen Leben mit der *Verwirklichung vielfältiger Grundanliegen* verbunden bleiben. In jedem Fall wäre das Schlaraffenland – mit wie viel Milch und Honig und herumfliegenden gebratenen Tauben auch immer – nur ein ›fauler‹ Kompromiss und auf Dauer dann doch alles andere als – *paradiesisch*.

ES KAM WAS DAZWISCHEN

Wenn wir mit unserem Leben
nicht zurechtkommen
und wir unsere Ziele und Vorgaben
andauernd verfehlen,
dann entschuldigen wir uns gern
mit unserer Lebenssituation
und schieben unser Scheitern
auf die äußeren Umstände.

Dabei ist unsere bestimmendste
und unmittelbarste Umgebung
in unserem eigenen Leben zu sehen,
in unseren Gewohnheiten,
Gefühlen und Verhaltensweisen,
die wir in einem langen Leben
eingeübt und verstärkt haben.

Wenn uns ständig Dinge
vom Wesentlichen abhalten,
wäre zunächst zu klären,
warum wir uns so leicht
ablenken lassen.

Falls wir uns immer wieder als
Versager und Verlierer erleben,
dann ist nicht ausgeschlossen,
dass wir nicht Verlierer sind,
weil wir wirklich versagt haben,
sondern dass wir versagen,
weil wir uns selbst
als Verlierer sehen
und bestimmen.

Selbst wenn andere uns
immer wieder übel mitspielen,
stellt sich die Frage,
warum sie gerade mit uns
ein so leichtes Spiel haben.

Selbstverständlich werden wir
auch durch äußere Umstände
an der sinnvollen Entfaltung
unseres Lebens gehindert,
und häufig mag eine Veränderung
unserer Existenzbedingungen
ein sinnvoller Schritt zu einem
erfüllenderen und erfüllteren
Leben sein.

Aber solange wir uns nicht über
unsere eigenen Anteile an unserem
misslingenden Alltag im Klaren sind,
werden wir mit unseren
blinden Schuldzuweisungen
und dunklen Entschuldigungen
weiterhin im Trüben fischen.

Aber vielleicht ist uns an allzu viel
Klarheit gar nicht mehr gelegen.
Denn nicht selten sind wir mit unseren
schlechten Gewohnheiten so vertraut,
dass wir schon Angst davor haben,
wir könnten in der Trennung
Heimweh nach ihnen bekommen.

ORIENTIERT

Wer sich im Himmel
auskennt,
der kommt auch
auf der Erde zurecht.

DU TRÄUMER!

Wie gerne würde ich mich
von einem großen Lottogewinn
überraschen lassen! –
Ich wusste gar nicht,
dass du Lotto spielst … –
Tu ich auch nicht;
sonst wäre es ja keine
wirkliche Überraschung!

Ich habe das Gefühl,
dass ich bald meiner
Traumfrau begegnen werde. –
Hast du denn den Eindruck,
auf die Begegnung
vorbereitet zu sein?
Wahrscheinlich erwartet
deine Traumfrau doch,
ihrem Traummann zu begegnen. –
Das wäre ja noch schöner!
Wozu brauchte ich
eine Traumfrau,
wenn ich selbst attraktiv
und traumhaft wäre?

Stell dir vor, ich habe mich
zu einem Chor angemeldet. –
Du? Ich dachte,
du könntest beim Singen
schon allein
den Ton nicht halten. –
Eben, deshalb will ich
ja auch jetzt lieber
mehrstimmig singen. –
??!?

ZWEI UNGLEICHE SCHWESTERN

Die Illusion ist nicht etwa
die Freundin der Hoffnung,
sondern ihre Gegnerin.
Die Illusion ist nämlich
nicht die Vorstufe,
sondern das Gegenteil
von echter Hoffnung.

Während die
begründete Hoffnung
die Hoffenden ermutigen
und sie begeisternd zur
Erfüllung führen kann,
bringt die Enthüllung
der Illusion lediglich
Ent-geisterung und
Ent-täuschung.

Es ist unklug und hoffnungslos,
seine Zukunft auf Täuschungen
und unwirkliche Wunschträume
gründen zu wollen;
aber es ist weise und
vielversprechend,

bereits die Gegenwart
von dem her zu gestalten,
was sich zukünftig als real
und gültig erweisen wird.

Die Lebenskunst scheint
darin zu bestehen,
die ungleichen Schwestern
Hoffnung und Illusion
im eigenen Leben
unterscheiden zu lernen –
und sich dann an der
richtigen zu orientieren.

PROBLEM-JONGLEUR

Vom Kopf her
habe ich's schon
unter den Füßen;
aber vom Bauch her
habe ich mich
noch nicht in der Hand.

Wenn ich mir nur
ein Herz fasse,
werde ich das Problem
schon noch schultern!

JETZT BIN ICH ABER ENTTÄUSCHT!

Warum verwenden wir
so viel Energie darauf,
eine enttäuschende Wahrheit
zu verdrängen oder umzudeuten?
Wieso verschwenden wir
so viel Zeit damit,
diejenigen zu beschuldigen
und verantwortlich zu machen,
die unseren Erwartungen nicht
entsprochen haben?

Wenn wir *ent*-täuscht werden,
haben wir uns wohl zuvor *ge*-täuscht,
in anderen oder uns selbst –
und meist in beidem.
Unsere Hoffnungen haben sich dann
in Wirklichkeit als Illusionen erwiesen.

Im Enthüllen der Beschönigung
und im Eingestehen der Wahrheit
läge nun eigentlich die Chance
zu einer neuen und
lebensnahen Orientierung.
Denn die Verlegenheit eines
entlarvten Wunschdenkens
birgt in sich die Gelegenheit

zur Entdeckung einer
glaubwürdigen Hoffnung
und einer echten Zuversicht.

Solange wir uns aber
aus Angst vor der Wirklichkeit
lieber ablenken, vertrösten
und belügen,
betrügen wir selbst uns
um unser Leben –
und nicht etwa diejenigen,
von denen wir enttäuscht sind.

Es gibt keinen kürzeren Weg
zu einem erfüllenden
und gelingenden Leben –
als die Wahrheit.
Eine Lebenslüge –
so bequem sie auch
erscheinen mag –
ist in jedem Fall ein Umweg.

HIMMEL UND ERDE

Das wenige,
das wir
vom Himmel
schon
auf Erden
erkennen,
bringt uns
schon sehr
viel Himmel
auf Erden.

GOLD, SILBER, EDELSTEINE
ODER HOLZ, HEU, STROH?

Evangelium bedeutet doch
»*Erfreuliche* Nachricht« –
warum ist dann noch von einem
Tag des Gerichts die Rede?

Nicht damit wir *traurig* werden,
sondern damit wir schon heute
unser Verhalten an dem ausrichten,
was sich bleibend als lohnend erweist.

So lernen wir, das zu vermeiden,
was wir vom Ende her als unsinnig
und vergeblich erkennen werden.

Man sagt ja: »Der *Dumme*
macht einen Fehler zweimal;
der *Kluge* lernt aus seinem Fehler.«

Der wirklich *Weise* aber lernt
so schon aus den Fehlern,
bevor er sie begangen hat –
und kann sie so vermeiden.

1. Kor 3,11-15; 15,57 f.; 2. Kor 5,8-10

SEINEN ACKER BESTELLEN

»Niemand, der seine Hand an den
Pflug legt und sieht zurück,
ist geschickt zum Reich Gottes.«

Wir aber blicken in die Vergangenheit,
ob in Wehmut oder in Befangenheit,
wir stehen mit dem Rücken zur Zukunft
und scheuen jede Lebenswende.

Und obwohl wir unseren Blick
an die Vergangenheit vergeuden
und in der Gegenwart deshalb
so häufig krumme Pfade gehen,
lässt du uns, Herr, auf deinem Acker
dennoch gerade Furchen pflügen.
Du säst durch unsere Hand aus
und lässt es sprießen und wachsen,
sodass wir am Ende sogar noch
die Ernte einholen für dein Reich.

Wie schaffst du das nur?

Lk 9,62

KENNEN SIE DAS?

Sie wissen genau,
dass Sie sich an etwas
erinnern wollten,
aber Sie wissen nicht mehr
an was.

Denn wüssten Sie,
was Sie vergessen haben,
und könnten Sie es
genau beschreiben,
dann würden Sie sich
ja daran erinnern.

In dieser seltsam
verborgenen Weise
weiß der
natürliche Mensch
als Geschöpf
um Gott.[5]

WER BIST DU?

In der
*Christus*erkenntnis
kommen
*Gottes*erkenntnis
und
*Selbst*erkenntnis
versöhnend
zusammen.[6]

NOCH EWIG WEIT WEG?
ÜBER DIE NÄHE DES LICHTES

Belebt und wärmt
das Licht der Sonne
uns nicht auch noch
auf unserer fernen Erde?
Begeistert uns ihr Strahlen nicht
bei vollem Mond
sogar noch in der Nacht?
Und geben uns die
ewig weit entfernten Sterne
mit ihrem Leuchten nicht
die Zuversicht der Weite und
der Schönheit unseres Lebens?

Wie sollte dann Christus als das
Licht des Lebens für die Welt
uns erst dann erleuchten können,
wenn wir einmal vor ihm stehen
und ihn aus nächster Nähe
sehen und erkennen werden?

»In ihm war das Leben,
und das Leben war
das Licht der Menschen.«

»Ich bin das Licht der Welt.
Wer mir folgt, der wird
ganz gewiss nicht in der
Finsternis umhergehen,
sondern wird das Licht
des Lebens haben.«

Joh 1,4; 8,12

ZWISCHEN DEN ZEITEN

Eine Hoffnung, die bei
unserer gegenwärtigen
Erfahrung stehen bleibt,
geht nicht weit genug.
Denn Ziel und Inhalt der Hoffnung
ist die noch nicht erlebte Zukunft.

Eine Hoffnung, die unsere
erfahrbare Gegenwart
nicht tief greifend verändert,
ist noch nicht wirklich
aus der Zukunft
bei uns angekommen.
Denn da, wo Hoffnung einkehrt,
verwandelt sie die Gegenwart.

Die Hoffnung liebt es
nämlich über alles,
auf ihrem Heimweg
in die Zukunft
in unserer Gegenwart
Quartier zu nehmen.

MY ›HOPE‹ IS MY CASTLE
ODER: HOME IS WHERE I WANT TO BE

>»Wir haben hier keine
>bleibende Stadt,
>sondern die zukünftige
>suchen wir.«

Hebr 13,14

>»Unsere Heimat aber
>– unser Staat
>und Bürgerrecht –
>ist im Himmel,
>von wo wir auch
>den Retter erwarten,
>den Herrn Jesus Christus.«

Phil 3,20

NICHTS KANN DICH MEHR TRENNEN

Nichts kann dich mehr trennen
von dem, der dich liebt,
weil er doch aus Liebe
alles für dich gibt!

Wer kann dich verklagen,
wenn Gott für dich ist,
der sein Wort des Freispruchs
niemals mehr vergisst?

Wer will dich verstoßen?
Christus steht dir bei!
Wenn er für dich eintritt,
bist du bleibend frei.

Wir sind seine Kinder,
Erbe sollst du sein,
mach nicht durch dein Zweifeln
seine Liebe klein!

Gott hat dich gerufen,
und er lässt dich nicht,
bis du das erfüllt siehst,
was er dir verspricht.

Nicht einmal im Sterben
bist du mehr allein,
der für dich gestorben,
wird dein Leben sein.

Weder Tod noch Leben,
weder Angst noch Leid,
Hohes nicht noch Tiefes,
weder Raum noch Zeit.

Sollt' ich den nicht lieben,
der mich so geliebt,
dem nicht alles geben,
der mir alles gibt?[7]

Röm 8,14-39

ERGRIFFEN – HABEN ODER SEIN?

Unsere Zuversicht gründet
nicht darin, dass *wir*
Christus ergriffen haben,
sondern darin, dass *er*
uns ergriffen hat,
damit wir nun unsererseits
nach ihm greifen und
uns an ihn halten können.
Doch was uns dann in Zeiten
des Zweifels und der Gefahr
wirklich und zuverlässig hält,
ist allemal sein Griff.

Wir sind noch unterwegs
zu ihm
und keineswegs bereits
am Ziel angekommen;
aber Christus seinerseits
hat uns schon längst erreicht,
um sich mit uns zusammen
und an unserer Seite
auf den Weg zu machen
zu dem großen Ziel der
endgültigen, himmlischen
Gemeinschaft mit ihm.

Wir sind durch ihn
und mit ihm
auf dem Weg zu ihm.

»Nicht dass ich es
schon ergriffen hätte oder
schon vollendet wäre;
ich strebe aber danach,
es zu ergreifen,
deshalb weil ich
von Christus Jesus
ergriffen worden bin. ...
Ich laufe auf das Ziel zu,
auf den Siegespreis,
die himmlische Berufung Gottes
– in Christus Jesus.«

Phil 3,12.14

WIE LERNT MAN DEMUT?

Wer zu dem erhöhten Christus aufschaut,
läuft kaum Gefahr, auf die Menschen,
die dieser liebt und wertschätzt,
überheblich herabzuschauen.

Wer Gottes Liebe und Langmut
selbst erkannt und erlebt hat,
der sieht in der eigenen Demut nur
eine Reaktion auf Gottes Großmut.

Von Herzen demütig wird man nicht,
indem man sich selbst klein macht
und nach unten schaut, sondern
indem man sich aufrichten lässt
und freimütig nach oben schaut.

Wie wenig Großartiges hat
der wohl gesehen und erkannt,
der sich selbst für groß hält!

OHNE FRAGE

Die Frage nach Gott mag zur Zeit
als die am häufigsten *nicht* gestellte
Frage erscheinen.

Das liegt aber nicht daran,
dass wir von uns aus
wunschlos glücklich
und erfüllt wären.
Vielmehr können wir uns die
Fragwürdigkeit unserer Situation
vor lauter offenen Fragen
kaum noch eingestehen.

Unsere entscheidenden Fragen
lassen wir in der Regel erst
von der Antwort her zu;
und was uns wirklich fehlt,
erfassen wir,
indem wir es erhalten.

Wie viel Gott für uns bedeutet,
erkennen wir erst,
wenn wir ihn finden;
und wie fraglich unser
eigenes Leben ist,

entdecken wir, wenn er uns
mit seinem Leben antwortet.

Weil wir von Gott nun nicht nur
einzelne Antworten erhalten,
sondern in ihm persönlich
die eine und befriedigende Antwort
auf die Frage unseres Lebens erkennen,
werden wir ihn später,
wenn wir persönlich vor ihm stehen,
auch nicht mehr zu fragen brauchen.

So wird es dazu kommen,
dass gerade diejenigen,
die jetzt nach Gott fragen,
ihm bei seinem Kommen
keine Fragen mehr
stellen werden,
denn sie werden fraglos
von seiner Antwort
überwältigt sein.

»Und an jenem Tage
werdet ihr mich nichts fragen.«

Joh 16,23

ALL YOU NEED IS LOVE

Ist Liebe wirklich alles,
was wir brauchen,
um erfüllt zu leben?

Ist sie nicht eher
einer von vielen Aspekten
eines gelingenden Lebens?

Liebe ist nicht alles –
aber ohne Liebe
ist alles nichts.

VERRECHNE DICH NICHT!

Einsam plus einsam ist
nicht gleich zweisam,
sondern meist doppelt einsam
oder einsam mal zwei,
was den Einsamen dann
auch gleich sein kann.

DER KLEINE UNTERSCHIED

Liebe ist,
wenn es
wehtut.

Aber nicht alles,
was wehtut,
ist Liebe.

IM GESPRÄCH BLEIBEN

Sind Sie von Ihrer Frau
als Gesprächspartnerin
enttäuscht,
weil Sie so wenige
gemeinsame
Themen haben?

Dann sprechen Sie
mit ihr darüber.

Dies dürfte bereits
ein Thema sein,
das Sie wechselseitig
miteinander verbindet.

LEIDIGE TRÖSTER

Durch Zuspruch und Teilnahme so zu trösten, dass die Trostlosen wieder getrost werden, gehört wohl zu den schwierigsten Aufgaben. Wie gern reden wir auf den Trostbedürftigen ein, während der eigentlich viel lieber selbst erzählt hätte. Wie oft übergehen wir einfach dessen Perspektive, nicht weil es ihm helfen könnte, sondern weil wir uns dann gar nicht erst auf seine Gesichtspunkte einlassen müssen.

Wie klug und vernünftig können manche plötzlich werden, wenn es um das Beseitigen fremder Fragen und Zweifel geht – nicht aber ihrer eigenen. Da ertragen wir den wohl gemeinten, wenn auch hilflosen Rat noch am leichtesten: »Lass doch den Kopf nicht so hängen!« Eine gekränkte Seele möchte freilich auch hierauf schon erwidern: »Wie denn sonst?« – oder: »Warum denn nicht?«

Besonders klug kommen sich Zeitgenossen vor, die immer dann, wenn es um Probleme anderer geht, ausnehmend abgehärtet auftreten – z. B. mit einem lächelnd schneidigen: »Kopf hoch, es kommt noch schlimmer!« Die möchte man dann lieber nicht in Situationen erleben, in denen es auch ihnen einmal etwas ›weniger besser‹ geht.

Unübertroffen sind jedoch die Versuche all der Tröster, die mit vorgeblicher Vernunft und vordergründiger Logik die Sorgen anderer einfach wegerklären wollen – und dies dann noch vermeintlich witzig: »Wem das Wasser bis zum Halse steht, der sollte nicht auch noch den Kopf hängen lassen!«

»Solches habe ich schon oft gehört. Ihr seid allesamt leidige Tröster! Wollen die windigen Worte kein Ende nehmen? Oder was reizt dich, so zu antworten? Auch ich könnte wohl reden wie ihr, wäret ihr nur an meiner Stelle.«

Hiob 16,2-4

DAS RÜHMEN DER LIEBE

Es gehört zum
Wesen der Liebe,
dass sie sich als
selbstverständlich
empfindet.
Sie rühmt sich dessen,
den sie liebt,
aber nicht ihrer selbst.

Rühmen kann sich die Liebe
nur in Hinsicht auf
die Liebe des anderen.

DAS TU ICH NUR FÜR DICH

Kennen Sie diese Art von Ehemännern,
die vor anderen ständig damit angeben,
was sie ihren Ehefrauen oder Kindern
allein aus Liebe getan oder geschenkt haben?

Man schämt sich schon beim Zuhören,
auch wenn man weder Kind noch Frau
des ›selbstlosen‹ Helden ist.

Wie muss sich Gott vorkommen,
wenn wir vor anderen Menschen
dauernd mit den Erfahrungen
und Taten unseres eigenen
Glaubens prahlen?

Mt 6,1-18

LASST EUER LICHT LEUCHTEN!

»So soll euer Licht leuchten
vor den Menschen,
damit sie eure guten Taten sehen
und euren Vater im Himmel preisen.«

Wenn wir allein aus Gott
und ihm zur Liebe leben,
dann nehmen dies auch
andere Menschen wahr.
Sie loben allerdings –
und dies ist entscheidend –
in diesem Fall nicht uns,
sondern Gott.

Denn man lobt immer den,
bei dem etwas Lobenswertes
seinen Ursprung hat,
und man rühmt den,
der für etwas Gutes
verantwortlich ist.

Mt 5,16

SEGNET, DIE EUCH FLUCHEN!

Wenn du schon
von anderen
gering geschätzt
oder sogar
gehasst wirst,

dann sieh zu,
dass es um
Jesu Christi
willen
geschieht,

und versuche,
von dir aus
keinen Anstoß
zu bieten –

außer dem des
Evangeliums.

Lk 6,22 f.27 f.; Joh 15,18-21; Röm 12,14.18

WARUM IN DIE FERNE SCHWEIFEN...?
ODER: EIN SCHELM,
WER ›GUTES‹ DABEI DENKT!

Wenn ich selbst kein großes Licht bin,
dann schimpfe ich einfach
auf die Finsternis und komme mir
– im Vergleich zur dunklen Welt –
schon gar nicht mehr so finster vor.

Wenn ich bei jemandem Stärken erkenne,
die ich an mir vermisse, dann bleibt mir
– will ich mich nicht selbst verändern –
nur die Möglichkeit, beim anderen
so lange nach Schwächen zu suchen,
bis ich mir wieder stark vorkomme.

Sollte bei mir mal etwas danebengehen,
dann wird sich leicht ein Schuldiger finden,
denn irgendwie hängt alles doch
mit irgendwas zusammen.

Schreit mein eigenes Leben nach
grundlegender Erneuerung,
dann brauche ich nur nachdrücklich
auf andere Menschen einzureden

und für die Welt als Ganzes
lautstark einzutreten –
und schon beruhigt sich
meine innere Stimme.

Nicht dass am Ende jemand
noch auf den Gedanken kommt,
mein Missmut und mein Unwille
hätten irgendetwas
mit mir selbst zu tun!

Fragt nicht schon das Sprichwort:
»Warum in die Ferne schweifen,
wenn ›das Böse‹ doch so nah?«?

AUGE UM AUGE, ZAHN UM ZAHN?
ODER: HAT SICH DA WER VERHÖRT?

In der Bergpredigt hat Jesus
uns zur friedenstiftenden
Versöhnungsbereitschaft
und zur selbstlosen Wohltätigkeit
gegenüber den Bedürftigen
aufgerufen.

Wenn uns jemand durch einen
Schlag auf die rechte Wange beleidigt,
sollen wir nicht zurückschlagen,
sondern stattdessen noch die
andere Wange hinhalten.
Und bei unseren Wohltaten sollen wir
ohne Berechnung und Eitelkeit
im Verborgenen Gutes tun.
So uneigennützig und selbstvergessen
sollen unsere guten Taten geschehen,
dass sogar unsere eigene linke Hand
nicht weiß, was die rechte
aus Liebe und Fürsorge getan hat.

Unsere Streitsucht und Rechthaberei,
unsere Habgier und Selbstgefälligkeit
haben sich durch Jesu Weisung aber
offensichtlich bis heute noch nicht

wirklich beeindrucken lassen.
Wir kämpfen weiter –
›Auge *in* Auge‹ und ›Zahn *in* Zahn‹ –
und lassen unsere linke Hand
nicht wissen,
was unsere rechte bereits
in die eigene Tasche
gesteckt hat.

Mt 5,38-42; 6,2-4

WENN WAHRHEIT SÜNDE
LÜGEN STRAFT

Die Sünde verspricht
Unverbindlichkeit
und Freiheit
und bewirkt Abhängigkeit.

Die Wahrheit spricht
von Beziehung, Vertrauen
und Verantwortlichkeit –
und bringt Freiheit.

»Ihr werdet die
Wahrheit erkennen,
und die Wahrheit wird
euch frei machen.« –
»Jeder, der Sünde tut,
der ist ein
Sklave der Sünde.« –
»Wenn euch nun
der Sohn frei macht,
so werdet ihr in Wahrheit
und wirklich frei sein.«

Joh 8,32. 34. 36

LIEBE UND ERLEBEN

Wenn die Liebe für diejenigen,
denen ihre Zuneigung gilt,
einsteht und sorgt,
ist es ihr nicht nur Pflicht,
sondern Teil ihres Glücks.

Und wenn sie ihrer
Freude und Neigung lebt,
verliert sie dabei nicht
ihre Verantwortung
für andere und sich selbst
aus den Augen.

So erfährt die Liebe
ihre Verantwortung
als Erleben
und ihr Erleben
als Verantwortung.

EINE HIMMLISCHE BEZIEHUNG!
ZU DEN CHANCEN EINER PARTNERSCHAFT

Je weniger ich vom
Himmel auf Erden träume,
sondern bereit bin,
mich für unsere Beziehung
unter irdischen Bedingungen
einzusetzen,
desto intensiver erlebe ich
eine Vorahnung vom Himmel
in unserer Gemeinschaft.

Du bist ›unvollkommen‹ genug,
um mich nicht
vom Himmel abzulenken;
aber du bist ›vollkommen‹ genug,
um mich immer wieder
an ihn zu erinnern.

GEMEINDE IST ...

... die Gemeinschaft von Menschen,
durch deren Zeugnis und Leben
Christus uns so wirksam anspricht,
dass wir an ihn glauben können
und damit selbst ein Glied
seiner Gemeinde werden.

... der Ort der Gegenwart Gottes
im Gespräch mit einem Einzelnen
oder im gemeinsamen Beten,
Singen und Bekennen,
unter Dutzenden, Hunderten,
ja Tausenden von Menschen,
mit denen wir in dem
für unser Leben Wichtigsten
übereinstimmen.

... die unzählbar große Schar
der Menschen aus allen Zeiten,
allen Völkern und Sprachen,
mit denen Christus einmal in
uneingeschränkter Gemeinschaft

für immer zusammenleben will
und mit denen jeder einzelne Gläubige
schon jetzt zutiefst verbunden ist –
ganz unabhängig davon,
ob er es gerade spürt und weiß.

DIE EINE HEILIGE KIRCHE?

Obwohl wir alle doch von *einem*
Schöpfer erschaffen worden sind
und alle den *einen* Jesus Christus
als unseren Herrn anrufen,
leben und denken wir in zahllose Kirchen
und ungezählte Gemeinschaften
zersplittert und abgesondert.

Durch Gottes Geist sind wir freilich
alle zu *einem* Leib getauft,
und in seinen Augen gibt es nur
die *eine* Kirche Jesu Christi,
mit der er in Ewigkeit
verbunden sein will.

Auf Erden erscheinen wir
zwar als geteilt –
aber nicht vor Gott.
Es mögen uns jetzt noch
Welten trennen –
aber nicht der Himmel![8]

STAUSTUFE

So viele Treppen
und Steigpässe
auch gebaut werden,
offensichtlich scheuen
viele Christen
den Sprung –
vom ›Fisch‹ zum
›Menschenfischer‹. [9]

TU DOCH WAS!

Wir sollten Gott nicht nur
mit vielen Worten um
geistliche Erweckung und
Erneuerung der Kirche
bitten,
sondern seinem Geist
auch mit einem Wort
erlauben,
bei uns damit anzufangen.

MIT DEM SCHRECKEN DAVON-GEKOMMEN

WAS DER THEOLOGE SO VOM VOGELKUNDLER LERNEN KANN

Unter Waldläufern ist ein Phänomen bekannt, das einen – nicht nur beim ersten Erleben – ganz schön erschrecken kann. Vor allem während der Zeit der Aufzucht ihres Nachwuchses können sich Greifvögel in ihrem Revier durch laufende Personen so gestört fühlen, dass sie diese als Bedrohungsgeste von hinten anfliegen, um sie zu vertreiben. Sie fliegen in lautlosem Gleitflug über deren Schulter oder streifen vereinzelt auch mit ihren Klauen den Kopf der völlig Überraschten – und erreichen damit durchaus ihr Ziel: Erleichtert darüber, dass er mit dem Schrecken davonkam, wählt jeder Läufer fortan einen anderen Weg, bis die Jungen aus dem Nest sind.

Als es sich einmal bis zur Lokalpresse der Universitätsstadt durchgesprochen hatte, dass verschiedene Jogger von solchen seltsamen Begegnungen zu berichten wussten, wendete sich ein Reporter – naheliegenderweise – an einen ausgewiesenen Fachmann, den Professor für Ornithologie. Bei dem stieß er freilich mit seiner seltsamen Nachfrage nur auf Unverständnis und fachkundigen Widerspruch: »Noch nie gehört!« – »Keine empirischen Untersuchungen!« – »Ganz unmöglich!« – »Unbeweisbar!« –

»Wissenschaftlich auszuschließen!« Gekrönt wurde der gelehrte Diskurs durch die – auch mir dann einleuchtende – Schlussbemerkung: »Der Mensch gehört nicht zum Beutespektrum des Bussards!«

Nun bin ich selbst nicht Vogelkundler, sondern Theologe – freilich einer, dem dieser seltsame Anflug durch Greifvögel schon verschiedentlich selbst widerfuhr und der deshalb nur zu genau weiß, dass die Phänomene sich nicht nach der Wissenschaft richten, wenn sich die Wissenschaft nicht an Wirklichkeit und Wahrheit orientieren will.

Bei uns Theologen kann die verdutzte gläubige Gemeinde hören: »Existenz eines persönlichen Gottes? Seit der Aufklärung widerlegt!« – »Jesu vollmächtiges Wirken? Legendenbildung!« – »Auferstehung Jesu und Erscheinungen vor den Frauen und Männern seines Jüngerkreises? Unhistorisch! Alles subjektive Einbildungen!« – »Allgemeine Auferstehung und Kommen Christi, ›zu richten die Lebenden und die Toten‹? Reine Projektion! Wissenschaftlich ausgeschlossen!«

Ob wir als Theologen an jenem letzten Tag, wenn sich die Phänomene wieder einmal nicht nach dem momentanen Stand der Wissenschaft richten wollen, dann auch – wie jene Läufer – allein mit dem Schrecken davonkommen werden?[10]

PS: In Vorwegnahme skeptischer Rückfragen legt der Verfasser Wert auf die Feststellung, dass die ornithologische Seite der Darstellung ernst und wörtlich gemeint ist. Ungleich wichtiger ist ihm freilich, dass den Leserinnen und Lesern die theologische Seite des Vergleichs einleuchtet, selbst wenn sie nie einem Bussard begegnet sein sollten.

DIE GEGENWART DES KOMMENDEN

Ich hör mich neue Lieder singen
und seh mich neue Wege gehen,
und was mir leid und lästig wurde,
das will mir wie von selbst gelingen.

Als könnte ich die Hoffnung spüren,
bevor ich sie von ferne sehe;
als würde mich bereits beglücken,
was noch verborgen hinter Türen.

Im tiefen Winter Frühling ahnen,
selbst in der Nacht die Sonne fühlen,
noch frierend schon das Feuer hören –
muss da der Zweifel mich nicht mahnen?

Zwar kann ich noch nicht vor dir stehen,
doch spiegelt sich in meinen Augen
bereits die Zuversicht und Freude
all derer, die dich einmal sehen.[11]

NOCH EINMAL VON NEUEM
»SO SIND WIR NUN BOTSCHAFTER AN CHRISTI STATT«[12]

»Wird es dir nicht irgendwann
einmal langweilig und mühselig,
die Grundaussagen des Evangeliums
immer wieder von vorne zu entfalten
und dieselben Fragen des Glaubens
von Neuem beantworten zu müssen?« –

Wird es mir je lästig zu atmen, oder
werde ich des täglichen Schlafes müde?
Verliere ich – solange ich gesund bin –
die Freude an Trinken und Essen,
oder bin ich es irgendwann leid,
Liebe und Anerkennung zu erfahren?
Wird mir das Glück in meinem Leben
je zu viel, oder beschwere ich mich
über meine Freude?

Von dem, was Gott uns
in Christus geschenkt hat,
möchte ich so lange sprechen,
wie ich auf dieser Erde lebe.

»Und danach?« –

Danach werde ich selbst mir
das Evangelium von Christus
persönlich zusprechen lassen –
und er wird nicht müde werden,
mir wie all den anderen
von der Liebe seines Vaters
noch einmal von Neuem zu erzählen
und uns alles so geduldig zu erklären,
als täte er es das allererste Mal.

ICH BRAUCHE DICH!

Wir lieben es,
gebraucht zu werden,
obwohl wir es
eigentlich brauchen,
geliebt zu werden.

Denn das Gefühl
der Unentbehrlichkeit
und Unabkömmlichkeit
ist ein durchaus
trügerischer Ersatz
für die Anerkennung
und Wertschätzung,
die wir in einer freien
und bedingungslosen
Zuwendung erfahren.

Bezieht sich doch die Aufwertung,
die wir beim Angewiesensein
anderer Menschen empfinden,
gar nicht vorbehaltlos
auf uns selbst,
sondern allein
auf unsere Stärke;
und ist doch den Menschen,
die uns anvertraut sind,

kaum damit geholfen,
dass wir sie in ihrer Schwäche
als Brauchende gebrauchen.

Wer die Bedeutsamkeit
und Würde einmal ahnt,
die wir durch eine
umfassende und freiwillige
Zuneigung gewinnen,
der will es fortan
lieber lernen,
zu lieben und
geliebt zu werden;
und er wird stutzig,
wenn er merkt,
dass er es braucht,
gebraucht zu werden.

WIE FÜRSORGLICH!

Für andere versuchst du
der verständnisvolle, starke
und verlässliche Vater zu sein,
den du selbst im Leben
nicht hattest.

Die Frage ist nur,
ob du es auch
dir selbst gegenüber bist.

Nicht dass du dir am Ende
genau der Vater wirst,
dem du entrinnen wolltest,
obwohl du doch
bei deiner ganzen Fürsorge
in Wahrheit auf der Suche bist
nach dem Vater,
den du selbst gebraucht hättest.

Für andere versuchst du
die einfühlsame, rücksichtsvolle
und zärtliche Mutter zu sein …

DIE STÄRKE HABEN, SCHWACH ZU SEIN

Von David, dem Helden und König Israels,
werden in den Psalmen die
vertrauensvollen Worte überliefert:
»Herr, mein Herz ist nicht hochmütig,
und meine Augen sind nicht stolz ...
Wie ein gestilltes Kind bei seiner Mutter,
wie ein Kind ist meine Seele stille in mir.«

In dem Maße, wie wir es neu lernen,
Gott gegenüber wie ein Kind zu sein,
können wir auch unsere mütterlichen und
väterlichen Seiten für andere Menschen
in fördernder und befähigender Weise
ausleben.

Denn wenn wir selbst nicht
bedürftig und offen, vertrauend
und geborgen sein können,
wie wollen wir dann mit dem
Angewiesensein anderer liebevoll
und verantwortlich umgehen?

Ps 131,1 f.

BEZIEHUNGSWEISE

Ich wachse persönlich
mit der Qualität
meiner Beziehungen.
Vielleicht ist es auch
umgekehrt.

WIE WEISE!

Man wird nicht anders
ausdauernd und belastbar
als dadurch, dass man
Herausforderungen annimmt
und Ausdauer einübt.

Du wirst nicht selbstbewusst,
wenn du dir deiner selbst
nicht bewusst wirst.

Wir können auch den längsten Weg
nur so bewältigen, dass wir ihn
mit dem ersten Schritt beginnen.

So richtig solche Weisheiten
auch sein mögen,
wirklich weise sind sie erst, wenn sie
nicht mit ›man‹, ›du‹ oder ›wir‹,
sondern mit einem persönlichen
und verbindlichen ›ich‹ beginnen.

ERHELLEND

»Wie bist du denn auf diese
einleuchtende Idee gekommen?« –

»Ich weiß auch nicht, es kam
wie aus heiterem Himmel!« –

»Aus einem trüben und
wolkenverhangenen Himmel
käme wohl auch kaum
so viel Licht!«

DER PANTHER
ODER: SCHAU ICH VON AUSSEN ODER INNEN DURCH DIE STÄBE?

Zu einem Gedicht von Rainer Maria Rilke

Sein Blick ist vom Vorübergehn der Stäbe
    Eigentlich kann ich
    mit meiner Situation
    ganz zufrieden sein.
so müd geworden, dass er nichts mehr hält.
    Beruflich bin ich mehr oder weniger
    abgesichert und habe in allem
    schon eine gewisse Routine.
Ihm ist, als ob es tausend Stäbe gäbe
    Nachdem die Kinder größer sind,
    kommen wir uns auch als Ehepaar
    wieder näher;
und hinter tausend Stäben keine Welt.
    wir haben einen großen
    Freundeskreis und vielfältige
    gemeinsame Interessen.

Der weiche Gang geschmeidig starker Schritte,
    Neuerdings tun wir auch
    wieder mehr für unsere
    Vitalität und Gesundheit;

der sich im allerkleinsten Kreise dreht,
> wir passen ein bisschen beim
> Essen auf und leben überhaupt
> ein wenig vernünftiger.

ist wie ein Tanz von Kraft um eine Mitte,
> Vor allem haben wir seit dem
> letzten Urlaub mit etwas
> Ausgleichssport angefangen.

in der betäubt ein großer Wille steht.
> Ganz ehrlich – wir kommen uns
> jetzt schon wieder
> um Jahre jünger vor.

Nur manchmal schiebt der Vorhang der Pupille
> Natürlich gibt es auch bei mir
> Augenblicke, in denen ich mich
> – rein gedanklich – frage,

sich lautlos auf –. Dann geht ein Bild hinein,
> ob mein Leben nicht doch
> noch erfüllter, intensiver
> oder befreiter aussehen könnte.

geht durch der Glieder angespannte Stille –
> Manche Erinnerungen an
> frühere Träume und Hoffnungen
> könnten mich fast verunsichern.

und hört im Herzen auf zu sein.
> Aber die Lebensreife besteht wohl darin,
> sich auf das Machbare zu konzentrieren
> – sagt man.

SO FROMM, SO GUT

Eine an Gottes Liebe
und an seinem Leben
orientierte Frömmigkeit
äußert sich nicht darin,
dass wir unsere
Lebensinteressen
in Weltvergessenheit
›verteufeln‹,
sondern darin, dass wir
unsere vielfältigen
Lebensbereiche
im Bewusstsein der
Weltzugewandtheit Gottes
immer mehr
›vermenschlichen‹.

Gott ist in Christus Mensch geworden,
damit wir unser Leben in seiner Liebe
menschlich zu gestalten lernen,
nicht aber dazu, dass wir unsere
Menschlichkeit gering schätzen.

NUR DAS BESTE!

Wollen wir uns gegenseitig
in unserem Planen und Tun
motivieren, dann geben wir
gelegentlich die Losung aus:
»Das Beste ist für Gott
gerade gut genug!«

Zur beflügelnden Einsicht –
statt zur lähmenden Last
und Selbstüberforderung –
wird die Aussage aber erst,
wenn wir zugleich und
vor allem betonen,
dass sich dieser Gott
für unsere schlechtesten
Voraussetzungen
nicht zu gut war
und für unser
schlimmstes Unvermögen
nicht zu schade.

In seiner unbegreiflichen
Liebe und Zuneigung
gab er sich selbst
für uns in die Schwachheit
und Vergänglichkeit

unseres Lebens dahin,
damit wir fortan
an seinem ewigen Leben
und an seiner Stärke teilhaben.

Er sandte zu unserer Versöhnung
nicht nur einen weiteren Propheten
oder einen seiner zahlreichen Engel,
sondern seinen einzigen,
über alles geliebten Sohn.[13]

Denn wenn es um
seine Menschen geht,
dann ist Gott das Beste
gerade gut genug!

BEHERRSCHE DICH!?

Wenn wir Dinge tun wollen,
die wir besser lassen sollten,
dann rufen wir uns selbst
mit den Worten zur Ordnung:
»Beherrsche dich!«

Dass der Ruf so oft
unerhört bleibt,
liegt nicht zuletzt daran,
dass er ein unglückliches
*Selbst*verständnis
voraussetzt.

Es geht nicht um
Selbst*beherrschung*,
sondern darum,
dass *wir selbst*
herrschen lernen
und uns nicht von
lebenshindernden
Antrieben und
Neigungen in uns
bestimmen lassen.

Wir sind nicht Objekt
der Selbstunterdrückung,
sondern sollen Subjekt
unserer Selbstentfaltung
und Selbstbehauptung
gegenüber allem in uns werden,
was uns unterdrückt und
uns vom Leben abhält.

»Denn wenn infolge der
Verfehlung des Einen [Adam]
der Tod die Herrschaft [über alle]
gewonnen hat durch den Einen,
so werden in weit höherem Maße
die, welche die überwältigende
Fülle der Gnade und damit
der Gabe der Gerechtigkeit
empfangen haben,
im Leben herrschen –
durch den Einen,
Jesus Christus.«

Röm 5,17

ZU SEINER SCHWACHHEIT STEHEN

»Wir müssen es lernen«,
so der Lehrpfarrer zu
seinem lernwilligen Vikar,
»auch zu unseren
schwachen Predigten
zu stehen!« –

»Dies umso mehr«,
so der Einsichtige,
»als es unüblich ist,
auf der Kanzel
zu *sitzen*!«

HUMOR IST ...

Humor ist die Fähigkeit,
Missgeschicke und
Unzulänglichkeiten
so wohlwollend heiter
wie gutmütig gelassen
zu tragen und zuzugeben.

Wer über sich selbst
lacht, lernt leichter.

Humor ist das
Öl im Getriebe
der Selbstkritik.

»Die Fantasie tröstet die
Menschen über das hinweg,
was sie nicht sein können,
und der Humor über das,
was sie tatsächlich sind.«[14]

WAS MAN SO ›STILLE ZEIT‹ NENNT
ODER: ZWISCHEN HUMOR
UND ERSCHRECKEN

Lieber Herr! Am Morgen dieses neuen Tages und bevor der Trubel meines Alltags beginnt, möchte ich vor dir still werden und ... – Moment, da klingelt schon das Telefon; ich habe vergessen, es abzustellen.

(Ins Telefon:) »Ach, du bist es, im Moment passt es gerade schlecht! Kann ich dich zurückrufen? – Ob ich auf der anderen Leitung telefoniere? Ja, so ähnlich ... Also bis gleich!«

Es tut mir leid, Herr! Wo war ich stehen geblieben? Ich möchte also alles Oberflächliche zurückstellen und mich ganz auf dich ... – Jetzt klopft schon wieder irgendjemand an der Tür!

(Zur Tür gewandt:) »Was? Ja, ich weiß, dass ihr in die Stadt wollt. Nein, ich brauche nichts, vielen Dank! Ja, bis später!«

So, jetzt ist endlich Ruhe im Haus! Vielleicht beginne ich am besten mit einem Psalm. – Ah, hier, Psalm 5: »Herr, höre meine Worte, merke auf mein Reden. Vernimm mein Schreien, mein König und mein Gott; denn ich will zu dir beten.«

(Laut rufend:) »Wieso geht denn da keiner an die Haustür? Es hat doch schon dreimal geklingelt!« – Ach so, die sind ja alle weg!

Verzeihung, Herr, aber das muss der Paketdienst sein; und du weißt ja, dass ich sonst extra in die Stadt muss und ...

(Vor der Haustür:) »Ja, ich habe schon gehört, dass Sie mehrmals geklingelt haben, aber ... Wer? Doch, das bin ich selbst! Warten Sie – hier, bitte schön und einen guten Tag noch!«

Wo war ich jetzt wieder? Ich glaube, bei Vers 4: »Herr, frühe wollest du meine Stimme hören, frühe will ich mich zu dir wenden und aufmerken ...« – Das darf doch nicht wahr sein! Ich wollte doch das Telefon rausziehen ... Jedenfalls bin ich wohl nicht früh genug aufgestanden!

(Ins Telefon:) »Was heißt: Das dauert ja ewig? Ich habe dir doch gesagt, dass ich zurückrufe, sobald ich frei bin. Ist es denn so dringend? – Aber das können wir doch heute Abend noch klären. Wir wollen uns doch sowieso alle treffen ... Ja, ist gut. Also bis dann!«

Ach, dieses neue Telefon! – Auf welcher Leitung habe ich jetzt wieder das Gebet in der Warteschleife? »Ihr Anschluss wird gehalten«, und so! – Oh nein, jetzt bin ich vor lauter ›Stiller Zeit‹ schon ganz durcheinander. Entschuldigung! – Also: »Ich aber darf in dein Haus gehen durch deine große Güte und anbeten vor deinem heiligen Tempel in deiner Furcht. Herr, leite mich in deiner Gerechtigkeit ...« – Ob das dann nicht doch noch etwas anders aussehen könnte?!?

WER SCHUF WEN ZU SEINEM BILDE?
ODER: WAS IST EIGENTLICH WESENTLICH?

Glauben wir an Gott,
weil wir mit dem Leben
nicht zurechtkommen,
oder kommen wir mit
dem Leben nicht zurecht,
weil wir es zu wenig
von Gott her und
mit ihm gestalten?

Ist Glaube ein Ersatz
für das eigentliche Leben,
oder sind die Unerlöstheit
und die Vordergründigkeit
unseres normalen Alltags
eher ein Ausdruck dafür,
dass wir ursprünglich
für ein ganz anderes
und wesentlicheres Leben
geschaffen worden sind?

Der Mensch ist in der Tat
zu viel mehr als sich selbst
berufen und bestimmt,
und die Erfüllung seines
Lebens kann er in sich allein

und an sich selbst verloren
schwerlich finden.

Es gehört zu seinem Wesen,
dass er sowohl Liebe erfahren
als auch Liebe lernen soll,
dass er selbst Zuwendung braucht
sowie durch Geben reich wird.
Er verlangt nach einem Horizont
über den Tag und
über sich selbst hinaus.

Er kann sich weder selbst zeugen
noch auch den letzten Sinn
seines geheimnisvollen Lebens.
Er weiß sich weder selbst zu vergeben,
noch hat er eine Antwort auf die
Frage nach dem eigenen Geschick.

Wenn Gott der Schöpfer allen Lebens
und der Erlöser seiner Menschen ist,
dann können wir als seine Schöpfung
für uns persönlich nur gewinnen,
wenn wir – soweit wie irgend möglich –
aus ihm und mit ihm leben.

Denn er hat uns zu
seinem Bild geschaffen,
und nicht wir ihn, obwohl
wir uns gern so verhalten.

»So gibt es für uns
doch nur *einen* Gott,
den Vater,
aus dem alles ist
und wir auf ihn hin,
und *einen* Herrn,
Jesus Christus,
durch den alles ist
und wir durch ihn.«

1. Kor 8,6

KLEINER KATECHISMUS ZUM THEMA SELBSTÜBERFORDERUNG

Es heißt:
»Ich glaube, dass mich
Gott geschaffen hat ...«,
und nicht:
»Ich muss es schaffen,
dass Gott an mich glaubt!«

SCHÖPFUNGSGELASSENHEIT
ODER: DER BERUHIGENDE
VORSPRUNG GOTTES

Der erste Tag des Menschen
ist bereits das Wochenende
der Schöpfung.

Bevor Adam und Eva den
ersten Morgen erblicken,
kann Gott bereits auf seine
Taten zurückschauen.

Ehe wir zu unserem
ersten Werktag aufbrechen,
dürfen wir den
siebten Tag der Schöpfung
mit Gott ruhen.[15]

So gründet all unser Tun,
wenn es denn dem Willen
des Schöpfers entspricht,
in der Gelassenheit und
Gottesruhe derer,
die sich nicht selbst
erschaffen müssen.

1. Mose 1,26-2,4

WER SICH SELBST ERHÖHT ...

Demut ist keine Tugend,
die man gesondert
lernen müsste.
Sie ist eine Frucht von
Selbsterkenntnis und Liebe.

Hochmut muss auch nicht
bewusst eingeübt werden.
Er ist ein Abfallprodukt
von Selbstüberschätzung
und Lebenslüge.

Lk 14,11

SELBSTBESTÄTIGUNG
UM JEDEN PREIS?

Dass wir uns gerne bestätigen lassen und
dass wir uns in Vertrautem wohlfühlen,
ist beides menschlich nur zu verständlich.

Schwieriger zu verstehen
ist da schon das Spiel
des Pessimisten!
Denn den Gewinn
der Selbstbestätigung
muss er mit dem Verlust
seines Erfolges erkaufen;
und will er recht behalten,
dann bleibt ihm nichts übrig,
als sich ganz und gar aufs
Unrecht zu konzentrieren.

Es hat ihm ständig schlecht zu gehen,
damit es ihm wirklich gut geht;
und um sich richtig zu Hause zu fühlen,
muss er sich stets befremdet zeigen.
Denn sein Gesicht erhellt sich dann,
wenn er wieder schwarzsehen kann.

GRENZERFAHRUNGEN

Wir dürfen uns nicht wundern,
dass uns unsere eigenen Grenzen
in dem Maße, wie wir als
Persönlichkeiten wachsen,
immer mehr bewusst werden.

Je größer das Land wird,
das wir erobern,
desto länger werden
auch die Grenzen.

SCHÖPFUNGSGLAUBE STATT
GLAUBENSERSCHÖPFUNG

Wenn Gott die Welt
allein durch sein Wort
aus dem Nichts
geschaffen hat,
das Tohuwabohu ordnete
und das Nichtseiende
ins Sein rief –
was sollte ihn daran
hindern können,
auch dich
trotz all deiner Zweifel
und Unzulänglichkeiten
durch seinen Zuspruch
neu zu erschaffen?[16]

UNTER DEM SCHATTEN
DEINER FLÜGEL

»Und siehe,
ein Engel rührte ihn an
und sprach zu ihm …«

Wenn wir so mutlos und verzagt sind,
dass wir alle Verheißungen Gottes
vergessen haben
und uns an seine frohe Botschaft
gar nicht mehr erinnern können,
dann schickt Gott seine Boten,
um uns seinen Trost aufs Neue
wirksam zuzusprechen.

Denn was könnte
beschwingender sein
als die Begegnung Gottes
in Gestalt seiner Engel?
Und was *beflügelt* uns mehr
als die Berührung Gottes
durch seinen Engel?[17]

1. Kön 19,5

SO KANN MAN SICH TÄUSCHEN

Was hat es eigentlich
mit der Anfechtung des
Glaubens auf sich? –

Stell dir vor, du fährst
in einem Aufzug nach oben
und wirst plötzlich
von dem Gefühl befallen,
du stürzt in Wahrheit
in die Tiefe.

Wenn sich dann die Tür
im obersten Stockwerk
mit einem sanften Gong
öffnet
und du erleichtert
oben aussteigst,
dann weißt du,
dass das Gegenteil
von dem eingetreten ist,
was du gefühlt hast.

So ist es mit jemandem,
der in seinem Glauben
durch Zweifel und Anfechtung
verunsichert wird.

Freilich ist
ein Personenaufzug
so wenig wie
der persönliche Glaube
von solchen Empfindungen
wirklich abhängig.

Weder fällt ein Lift
nach unten,
nur weil wir es gerade so
wahrzunehmen meinen,
noch hört der Glaube auf,
uns zu tragen,
nur weil wir von einem
Gefühl des Zweifels
bestimmt werden.

Das Problem der ›Anfechtung‹[18]
mag in beiden Fällen
darin bestehen,
dass wir sie oft erst dann
als solche erkennen,
wenn wir wohlbehalten
oben aussteigen.

WIE AM ERSTEN TAG

Zweifellos können und sollen wir auch im Glauben wachsen und uns weiterentwickeln, wie wir es als Persönlichkeiten in jeder Hinsicht tun. Mancher Zweifel, der uns anfangs tief erschütterte, hat seine Bedrohlichkeit verloren; und vieles, was uns zunächst Angst und Sorge machte, ist durch unsere Lebenserfahrung zur alltäglichen Aufgabe geworden.

Und dennoch gibt es Bereiche, in denen wir uns dadurch als erfahren erweisen, dass wir genau so bleiben, wie wir zu Beginn unseres Glaubens waren. Sich wie ein Kind an dem Geschenk des neuen Lebens zu freuen, sich ganz und gar auf Gott und seine Liebe zu verlassen, staunend und überwältigt seinen Zuspruch zu hören und sich ausschließlich und vorbehaltlos von dem her zu verstehen, was wir in Gott und durch ihn sind, – dies alles macht den jungen wie den ursprünglich gebliebenen Glauben aus.

Dies gilt gewiss auch von dem ersten Eifer und der Ernsthaftigkeit unseres jungen Glaubens. Welche Unerschrockenheit, welche Zuversicht und Ehrfurcht, welche Treue und Begeisterung haben uns damals bestimmt?

Nach all diesen Gesichtspunkten besteht die Glaubwürdigkeit und Reife in unserem eigenen Leben gerade darin, dass wir immer noch – oder aufs Neue – spontan und echt sind, wie wir als ›Kinder‹

waren. Und als Ausdruck der größten und tiefsten Liebe zu Gott gilt, dass wir auch noch nach Jahren in der ersten Liebe zu ihm leben können.

»Wie die neugeborenen Kinder verlangt nach der geistigen, reinen Milch, damit ihr durch sie wachset zu eurem Heil.«

1. Petr 2,2

NICHT NUR AUF DEM PAPIER

Auch wenn unsere Erfahrung
uns immer wieder daran
zweifeln lässt,
dass Jesus Christus bereits
alle lebensfeindlichen Mächte
überwunden hat,
und wenn uns Sinn und Ziel
sowohl unserer kleinen
als auch der großen Geschichte
wie ein versiegeltes Buch
erscheinen mögen,
ist die todesbezwingende
Stärke des Davidssohnes
bereits hier und heute
Wirklichkeit!

Der Löwe von Juda ist kein Papiertiger!

»Höre auf zu weinen! Siehe, der Löwe
aus dem Stamm Juda, der Spross Davids,
hat den Sieg errungen, sodass er das Buch
und seine sieben Siegel zu öffnen vermag.«

Offb 5,5

ZÄRTLICHE ERINNERUNG

»Spatz, er sorgt für dich –
so oder so!«

Schaut auf die Vögel des Himmels:
sie säen nicht, sie ernten nicht,
sie sammeln auch nicht in Scheunen;
und euer himmlischer Vater ernährt sie doch.
Seid ihr denn nicht viel mehr wert als sie?

Werden nicht zwei Sperlinge
für einen Groschen angeboten?
Und doch fällt keiner von ihnen auf die Erde,
ohne dass es euer Vater zulässt.
Bei euch aber sind sogar
die Haare eures Hauptes gezählt.
Fürchtet euch also nicht;
ihr seid wertvoller
als Schwärme von Spatzen!

Mt 6,26; 10,29-31

WIRD ES REICHEN?

Die ersten Christen haben sich
auf den Tag des Kommens
ihres Herrn und Richters
Jesus Christus gefreut.

Das taten sie nicht,
weil sie sich selbst
für einwandfrei gerecht
und ihre eigene Liebe
für ausreichend hielten.

Sie waren sich aber gewiss,
dass die Liebe ihres Herrn
unermesslich
und das Erbarmen ihres
Erlösers und Fürsprechers
vollkommen sind.

Sie vertrauten nicht auf
den Nachweis ihrer eigenen
Treue und Gerechtigkeit,
sondern auf den endgültigen
Erweis der Gerechtigkeit
und Treue ihres Herrn,

der doch für sie und
ihre Rettung gestorben
und für ihre Rechtfertigung
auferstanden ist.

Auf die Frage, ob es denn
am Tag des Gerichtes für uns
als an Christus Glaubende
für das ewige Leben reichen wird,
gibt es somit schon heute eine
so klare wie eindeutige Antwort:

Nach unserer eigenen
Gerechtigkeit –
nie und nimmer;
nach seiner Liebe
und Gerechtigkeit
und infolge seiner
Gnade und Treue –
ganz gewiss und immer.[19]

DAS KANN WARTEN

Wenn wir uns nach unserem Urlaub sehnen, dann zählen wir die Tage, bis es soweit ist, dass wir – wenigstens für eine kurze Zeit – alles hinter uns lassen und unsere freie Zeit genießen können. Wenn wir uns lange auf eine Prüfung vorbereitet haben, dann können wir es schließlich kaum noch erwarten, bis wir alles überstanden haben und erleichtert feiern und uns erholen können. Wenn zwei Menschen, die sich leidenschaftlich lieben, endlich zusammenkommen, dann fiebern sie ihrem neuen, gemeinsamen Leben entgegen und können ihren großen Tag kaum erwarten.

Als Christinnen und Christen singen und flehen wir in Liedern und Gebeten die himmlische Gemeinschaft herbei und werden nicht müde, über die Lasten und Nöte unseres Lebens zu klagen – ohne aber den Augenblick unserer leibhaftigen Erlösung wirklich und ernsthaft herbeizusehnen.

Was hielten wir von einem Arbeitnehmer, der zu Beginn des Urlaubs plötzlich die Lust verliert und sich freiwillig – wenn auch nörgelnd – weiter plagt? Was würden wir von einem Brautpaar halten, das sich am Tage seiner Trauung dazu entscheidet, doch noch sieben weitere Jahre aufeinander zu warten?

Was sollen Gottes Engel dann von uns denken, wenn wir gar nicht wollen, worum wir bitten, und uns auf das nicht freuen, was wir erhoffen und besingen?

»Der uns aber eben dazu bereitet hat, das ist Gott, der uns als Unterpfand den Geist gegeben hat. So sind wir nun allezeit zuversichtlich und wissen: Solange wir im Leibe wohnen, weilen wir fern von dem Herrn; denn wir wandeln im Glauben, nicht im Schauen [d. h.: nicht in der von Gott gewährten sichtbaren Erscheinung]. Wir sind also voller Zuversicht und möchten viel lieber unseren Leib als Zuhause verlassen und daheim sein beim Herrn.«

2. Kor 5,5-8

GEBORGEN

Es mag fremden Einflüssen
vorübergehend gelingen,
dir deinen Herrn wegzunehmen,
es kann ihnen aber nicht gelingen,
dich deinem Herrn wegzunehmen!

Es mag dir gelegentlich so vorkommen,
als würdest du ins Bodenlose abstürzen,
du wirst aber nicht tiefer fallen können
als in die dich bergenden Hände Gottes.

»Ich gebe ihnen das ewige Leben,
und sie werden ganz gewiss
niemals mehr verloren gehen,
und niemand wird sie
aus meiner Hand reißen.
Mein Vater, der sie mir
gegeben hat,
ist größer als alle,
und niemand kann sie
aus der Hand des Vaters reißen.
Ich und der Vater sind eins.«

Joh 10,28-30

LEBENDIGE HOFFNUNG

Im Gegensatz
zu manchem Vorurteil
macht eine echte und
lebendige Hoffnung
weder diesseitsflüchtig
noch todessüchtig,
sondern lebenstüchtig.

DAS SCHÖNSTE KOMMT NOCH!

Wenn wir uns nach dem Glück unserer Kindheit und Jugend zurücksehnen, dann haben wir einerseits die kindliche Fähigkeit im Blick, Situationen und Eindrücke uneingeschränkt zu genießen; andererseits erinnern wir uns an die beglückende Perspektive, das Entscheidende noch vor uns zu haben und auf das große Leben noch zuleben zu dürfen.

Nun bestand das Glück der Kindheit für viele von uns weniger in dem, was wir wirklich erfahren haben, als in dem, was wir für die vor uns liegende Zeit erträumt und erhofft haben. Wir entsinnen uns nicht unserer Vergangenheit als solcher, sondern vielmehr der Zukunft und Zukunftsoffenheit unserer Vergangenheit – also der Freude der damals erlebten Hoffnung und Erwartung. Es war unsere Seligkeit, Zukunft zu haben und uns von dieser Zukunft in der Gegenwart bestimmen und tragen zu lassen.

Wenn die ersten Christinnen und Christen sich ihres Lebens und Glaubens freuten, dann waren auch sie weniger von dem Glück bestimmt, das sie gegenwärtig in ihrer alltäglichen Wirklichkeit erfuhren, als vielmehr von der Perspektive, die ihnen durch die Nähe Gottes und das Gekommensein seines Sohnes eröffnet worden war. Jeder Tag hatte seinen Sinn schon darin, dass er sie ihrem Ziel der uneingeschränkten Gottesgemeinschaft einen Schritt näher brachte; und jede Stunde stand nicht länger nur im Schatten der Vergangenheit, sondern im Licht dieser Zukunft. Das verheißene Kommen Gottes und die ersehnte Zukunft mit ihm erfüllten bereits die Gegenwart mit Zuversicht und Lebensmut. Für sie war die Hoffnung nicht ein Ersatz für das Glück, sondern die konkrete Gestalt ihrer Erfahrung von Glückseligkeit.

»Und dies lasst uns tun im Wissen um die Zeit, dass nämlich die Stunde für uns schon da ist, vom Schlaf aufzuwachen. Denn jetzt ist unsere Rettung schon viel näher als damals, da wir gläubig wurden.«
    »Freut euch in dem Herrn zu allen Zeiten; nochmals will ich sagen: Freut euch! Eure Freundlichkeit sollen alle Menschen erfahren! Der Herr ist nahe!«

Röm 13,11; Phil 4,4 f.

VOR FREUDE

Vorfreude bewirkt,
dass wir vor Freude
Unabwendbares
leichter ertragen
und Notwendiges
besser und schneller
erledigen können.

Denn die Vorfreude
relativiert und
motiviert zugleich.

HOFFNUNG, EINFACH – KOMPLIZIERT

Hoffnung ist
der Modus
der präsentischen
Partizipation
an einer noch
nicht evidenten
positiven Realität.
In der Hoffnung
antizipiert der Mensch
bereits die die Existenz
verändernde Wirkung,
ohne dass er die
Realität des Erhofften
gegenwärtig schon als
sinnfällig erfahren
oder verifizieren könnte.
Eine solche
existenzbestimmende
und kontinuierliche
Hoffnung ist für ein
spezifisch christliches
Glaubensverständnis
konstitutiv.

»Denn zur Hoffnung sind
wir gerettet worden.
Die Hoffnung aber,
die man sehen kann,
ist keine Hoffnung.
Denn wer hofft auf
das, was er sieht?
Wenn wir aber auf
das hoffen, was
wir nicht sehen,
so warten wir
in Geduld.«

»Es ist aber
der Glaube
das Feststehen
beim Erhofften,
ein Überzeugtsein
von dem,
was man
nicht sieht.«

Röm 8,24 f.; Hebr 11,1

NAHERWARTUNG

Ob wir uns über die Ankündigung eines Besuches wirklich freuen oder ob uns die bevorstehende Begegnung eher unberührt lässt, hängt nicht nur von der Nähe des Termins ab, sondern vor allem von der Bedeutung, die die erwartete Person für uns persönlich hat. Denn die Vorfreude lebt weniger von der zeitlichen Nähe als von der Beziehung, die wir zum Nahenden haben. Erwarten wir jemanden, der uns sehr viel bedeutet, dann sind wir schon lange Zeit vor dem Eintreffen von Vorfreude und Glück erfüllt; naht aber eine Begegnung, die uns gar nicht oder sogar unangenehm berührt, dann will sich keine Zuversicht einstellen, selbst wenn der Zeitpunkt des Wiedersehens unmittelbar bevorsteht.

In Anbetracht der Begeisterung und der lebendigen Hoffnung, die die frühen Christen offensichtlich bestimmt haben, entschuldigen wir uns gerne damit, dass diese noch in einer unmittelbaren Naherwartung lebten, während wir um die große Zeitspanne zwischen der Verheißung und der Erfüllung des Zusammenkommens Christi mit seiner Gemeinde wissen. Ich frage mich aber zunehmend, ob unsere Gleichgültigkeit und Unbestimmtheit angesichts der kommenden Begegnung wirklich vorrangig eine Frage der *Zeit* ist – oder nicht doch eine Frage der *Beziehung*.

»Denn der Herr, unser Gott, der Allmächtige, hat die Königsherrschaft angetreten! Lasst uns freuen und fröhlich sein und ihm die Ehre geben; denn die Hochzeit des Lammes ist gekommen, und seine Braut hat sich bereit gemacht. Und es wurde ihr gegeben, sich zu kleiden in leuchtend weißem reinem Leinen ... Selig sind, die zum Hochzeitsmahl des Lammes berufen sind.«

»Der dies bezeugt, spricht: Ja, ich komme bald! – Amen, ja komm, Herr Jesus!«

Offb 19,6-9; 22,20

IM HIMMEL IST WAS LOS

Wieso sollen wir denn
im Himmel noch
mit Gott herrschen,
Festmahlzeiten veranstalten,
singen, loben und das
Neue Jerusalem besichtigen?

Stell dir doch vor,
wie langweilig dir
der Himmel würde,
wenn du in Ewigkeit ständig
nur »nichts tun« müsstest.
Oder wolltest du von
morgens bis abends
immer nur
»Wolken versenken« spielen?

UNVORSTELLBAR SCHÖN

Es wird im Himmel einmal unvorstellbar schön sein! Das Einzige, was daran nicht so schön sein mag, ist, dass man sich den Himmel deshalb nur so schwer vorstellen kann. Wie sollen wir uns auf etwas freuen, was unsere Vorstellungskraft übersteigt? Und womit sollen wir etwas Unvergleichliches vergleichen?

Die zutreffendste Beschreibung des Himmels, den wir in unserem Glauben an Christus erwarten, ist ohne Zweifel, dass wir dann in uneingeschränkter und unangefochtener Gottesgemeinschaft leben werden. Wir werden allezeit mit unserem Herrn, Jesus Christus, zusammen sein (1. Thess 4,17; Phil 1,23), mit ihm leben (1. Thess 5,10) und bei ihm wohnen (2. Kor 5,8); wir werden ihn endlich von Angesicht zu Angesicht sehen und ihn so erkennen, wie wir von ihm schon jetzt erkannt sind (1. Kor 13,12). Dann gilt, um es mit den Worten der Offenbarung zu sagen: »Siehe da, die Hütte Gottes bei den Menschen! Und er wird bei ihnen wohnen, und sie werden sein Volk sein, und er selbst, Gott mit ihnen, wird ihr Gott sein« (Offb 21,3).

Wenn wir herzliche Zuwendung und tiefe persönliche Zuneigung in unserem eigenen Leben schon erfahren haben, dann wird uns die Verheißung der ungestörten Gottesbeziehung schon Grund genug zur Vorfreude sein. Und falls wir Zeiten, vielleicht nur Augenblicke des Einklangs und des gegenseitigen Einvernehmens in einer Gemeinschaft selbst erleben konnten, dann beginnen wir zu ahnen, welches Glück uns beim Zusammensein mit Gott und seinen Menschen erwartet.

Aber was ist, wenn wir diese Vorahnung von vollkommener Liebe nicht durch eigenes Erleben vermittelt bekommen oder wenn wir in Enttäuschung durch Menschen und Erfahrung von Leid an die Möglichkeit von voraussetzungsloser Zuneigung und bedingungsloser Zuwendung gar nicht mehr glauben können? Entschwindet uns dann nicht die Hoffnung auf Gottes Erlösung und Vollendung unseres Lebens ausgerechnet in dem Moment, in dem wir sie am nötigsten brauchen?

Es mag erstaunen, mit welch einfühlsamen Bildern und anschaulichen Beschreibungen die Offenbarung gerade die tröstet, die in der Erfahrung von Unrecht, Abwertung und Leiden die Hoffnung auf Gottes ganz andere Welt zu verlieren drohen. Wo die Anknüpfung an positive und lebensfördernde Erlebnisse schwierig wird, spricht der Trost die Punkte an, die den Verzagenden verzweifeln lassen: all den Schmerz, die Angst und den Verlust. Gottes neue Welt kommt für die Weinenden so in den Blick, dass sie als der Bereich und die Zeit erkannt wird, in der es all dies Leidvolle nicht mehr geben wird. Für die, denen die Vorstellung von *Positivem* in ihrer jetzigen Situation überhaupt unmöglich scheint, wird durch die Verheißung des Beendens und Aufhebens all des *Negativen* der Horizont der Hoffnung neu eröffnet: »Und er wird alle Tränen abwischen von ihren Augen, und der Tod wird nicht mehr sein, und kein Leid noch Geschrei noch Schmerz wird mehr sein; denn das Erste ist vergangen. Und der auf dem Thron saß, sprach: ›Siehe, ich mache alles neu!‹« (Offb 21,4 f.).

Während hier auf dem ›Wege der Verneinung‹ des Negativen *(via negationis)* das scheinbar Unvorstellbare vor Augen gestellt wird, gibt es in derselben Beschreibung zugleich auch die entgegengesetzte Sichtweise auf die bisher noch nicht gekannte und ganz neue himmlische Stadt. Die herrlich schöne Wohnung Gottes bei den Menschen wird in Aufnahme und Überbietung dessen beschrieben, was wir in dieser Welt als wertvoll und begehrenswert schätzen mögen – also auf dem ›Weg der Erhöhung und Steigerung‹ des uns Bekannten *(via eminentiae)*.

Dabei schreckt die Darstellung auch nicht vor der Anknüpfung an materielle Träume und Werte zurück, wenn sie das himmlische Jerusalem als Stadt aus reinem Gold beschreibt, mit Mauern aus Edelsteinen und mit zwölf Stadttoren, die jeweils aus einer einzigen Perle bestehen (Offb 21,9-22,5). Wie über die Maßen groß und überwältigend muss der Ort sein, der alles das, was uns in dieser Welt als kostbar gilt, in solcher Weise überbietet?

Gewiss ist Gott bei seiner neuen Welt auf Raum und Zeit und auf die Schätze dieser Welt nicht angewiesen, und sicherlich wird jeder von uns andere irdische und menschliche Werte für sein Leben am meisten begehren – ob materiell oder ideell, ob persönlich oder gemeinschaftsbezogen. Jedoch lernen wir auf diese liebevolle und anschauliche Art der Darstellung, *den Himmel zu denken*.

Sei es nun auf die Weise der ›Verneinung des Negativen‹ *(via negationis)* oder auf dem Weg der ›Überbietung des Positiven‹ *(via eminentiae)*, sei es aus der Situation der Verzweiflung oder im Erleben des Glücks – wir beginnen jeweils zu ahnen, wie unvergleichlich wertvoll und wie unvorstellbar herrlich und strahlend dieses Leben mit Gott sein wird:

»Und sie werden sein Angesicht schauen, und sein Name wird auf ihren Stirnen sein. Und es wird keine Nacht mehr geben, und sie bedürfen weder des Lichtes einer Leuchte noch des Lichtes der Sonne; denn Gott, der Herr, wird leuchten über ihnen, und sie werden herrschen in alle Ewigkeit« (Offb 22,4 f.).

WER LIEBT, HOFFT

Wir hoffen, wenn wir einen
Grund dazu sehen.
Denn eine grundlose Hoffnung erschiene uns
als haltlose und sinnlose Illusion.

Der Grund für unser Hoffen liegt freilich
nicht nur in unserer erwarteten Zukunft,
sondern viel mehr, als wir meinen,
in der Erfahrung unserer Vergangenheit
und in der Wahrnehmung
unserer Gegenwart.
Schließlich ist alles,
was wir für die Zukunft erhoffen,
als solches unserem gegenwärtigen
Sehen und Erkennen noch verborgen.

Hoffen ist die Fähigkeit,
aus der bisherigen Erfahrung
und der gegenwärtigen Gewissheit
die Zukunft vertrauensvoll und
zuversichtlich zu erwarten
und dem Kommenden
gespannt entgegenzugehen.
Eine erfüllte Gegenwart
ermutigt zu dem Vertrauen
auf eine erfüllende Zukunft.

Daraus erklärt sich auch der
geheimnisvolle Zusammenhang
von Liebe und Hoffnung.
Liebende erhalten die
Befähigung geschenkt,
wieder hoffen und
vertrauen zu können.
Die zugesprochene Anerkennung
und persönliche Zuwendung,
die gegenwärtig erfahrene
Stärke und Bedeutsamkeit
schaffen in ihnen die Zuversicht und
den Lebensmut für das Kommende.

Wer Liebe erfährt und lebt,
der kann auch hoffen – selbst
wenn er Grund zur Sorge hat;
und wer sich der Liebe verschließt,
dem bleibt zugleich auch
die Hoffnung verschlossen –
selbst wenn die Zukunft sich
gar nicht so hoffnungslos zeigt.

»Die Liebe hofft alles –
allezeit, ganz und gar
und in jeder Beziehung.«

1. Kor 13,7

GLAUBENSLEBEN – LEBENSTRAUER

Weil uns in der Trauer bewusst wird,
was uns wertvoll und wichtig ist,
können wir sie nicht übergehen,
ohne uns selbst zu verlieren.
Sie ist der Schmerz der Wesentlichkeit.

Es tröstet uns in unserer Trauer,
wenn wir das, was wir lieben
und was unser Leben erfüllt,
nicht einfach entrissen bekommen,
sondern dem anvertrauen können,
der selbst das Leben und die Liebe ist.

Der Glaube hebt die Trauer nicht auf,
und er will den Verlust nicht erklären,
aber er will uns helfen,
am Ende die Hoffnung wiederzufinden,
ohne die die Liebe nicht überleben kann.

In unserer Trauer schauen wir
auf unser Leben zurück,
in Gottes Hoffnung dürfen wir
seinem Leben entgegensehen.

WENN DIE LIEBE ZUKUNFT SCHENKT

»Denn ich weiß wohl, was für
Gedanken ich über euch habe,
spricht der Herr:
Gedanken des Friedens
und nicht des Leides,
dass ich euch gebe
Zukunft und Hoffnung …

Ich habe dich von jeher geliebt,
deshalb habe ich dich
zu mir gezogen aus lauter Güte.«

Jer 29,11; 31,3

LEBENDE KÖNNEN NICHT TOT SEIN

Christen mögen auch zukünftig
noch ihr Leben verlieren,
Christus aber nicht mehr.
Er kann als der für uns bereits
Gekreuzigte und Auferstandene
sein Leben in Ewigkeit
nicht mehr verlieren.

Wenn wir an Jesus Christus
als den Auferstandenen glauben
und in der Gemeinschaft mit ihm
an seinem neuen Leben teilhaben,
dann können wir sogar
durch unser Sterben
von ihm und seinem Leben
nicht mehr getrennt werden.

Wir mögen wohl *sterben*, aber
wir können nicht mehr *tot* sein.

»Wenn jemand mein Wort bewahrt,
der wird den Tod ganz gewiss
in Ewigkeit nicht sehen.«

Joh 8,51

ÜBER EIN KLEINES

»Noch eine kleine Weile, dann werdet ihr mich nicht sehen; und abermals eine kleine Weile, dann werdet ihr mich sehen« (Joh 16,19).

»Ihr habt nun Traurigkeit; aber ich will euch wiedersehen, und euer Herz soll sich freuen, und eure Freude soll niemand von euch nehmen« (Joh 16,22).

Wenn Jesus im Johannesevangelium davon spricht, dass seine Jünger ihn »in Kürze«, »ganz bald« wiedersehen und sich freuen sollen (Joh 14,19; 16,16-24), könnte man dabei wie die ersten Jünger an die Auferstehung und das Wohnen bei Gott »am Jüngsten Tag« – am Ende der Zeit – denken.

Dabei sagt Jesus seine Anwesenheit und seinen Beistand in Gestalt seines Geistes bereits für die Gegenwart der Gemeinde und des Glaubens zu (Joh 14,16-19. 23. 28).

Die Stunde der Erfüllung wird nicht erst in ferner Zukunft kommen, sie ist »schon jetzt« (Joh 4,23; 5,25); das »ewige Leben« beginnt bereits mit der Christusgemeinschaft in der Gegenwart (Joh 3,16 ff. 31 ff.; 5,20-27).

So gilt auch die Zusage der »Auferstehung« für die im Geist geschenkte Teilhabe am Leben Christi bereits gegenwärtig (Joh 11,23-26; vgl. 5,24 f.; 8,51 f.).

Wenn das alles stimmt, dann ist die zeitliche Ausdehnung der »kleinen« Zeitspanne des Nichtsehens und der Trauer weniger eine Frage der verzögerten *zukünftigen Erfüllung* als vielmehr eine Frage der *gegenwärtigen Erkenntnis*.

GANZ BALD!

Als Christus gestern
von ›morgen‹ sprach,
meinte er heute
und nicht übermorgen!

›Gestern‹ war die Zeit
der Verheißung;
›morgen‹ ist die Zeit,
auf die wir hoffen.
Und ›heute‹ ist der Tag,
für den uns Hoffnung
und Verheißung
gegeben worden sind.

Von ›übermorgen‹ reden wir,
wenn uns die Hoffnung
noch nicht erreicht
und uns die Verheißung
nicht mehr bestimmt.

Als Christus gestern
von ›morgen‹ sprach,
meinte er heute
und nicht übermorgen!

INTERVIEW MIT PAULUS
MUSS ES DIE AUFERSTEHUNG SEIN?

Seit Ihren Schreiben an die Korinther sind nunmehr fast zweitausend Jahre vergangen, und es fällt vielen von uns heute sehr schwer, gerade Ihre engagierte Argumentation zur »Auferstehung von den Toten« (1. Kor 15) nachzuvollziehen.

Das wundert mich freilich nicht, da es zur Zeit der Abfassung meiner Briefe an die junge korinthische Gemeinde dort nicht anders war. Sosehr mir selbst als pharisäisch geprägtem Juden die Hoffnung auf die Auferstehung der Toten grundsätzlich auch schon vor meiner Berufung bei Damaskus vertraut war, sowenig entsprach sie doch dem hellenistischen Geist einer griechischen Stadt wie Korinth oder Athen. Ja, selbst meine sadduzäisch orientierten jüdischen Brüder teilten die Auferstehungshoffnung noch nicht, weil sie sie nicht schon in der ›Tora‹ [den fünf Büchern Mose, Hg.], sondern erst bei den Propheten und den Schriften ausdrücklich belegt fanden.[20]

Um den Anstoß dieser – dann wohl schon immer – umstrittenen Hoffnung auf eine »leibliche Auferstehung« zu umgehen, reden wir heute gerne davon, dass die Verstorbenen in dem »Gedächtnis Gottes« und in seinen Gedanken weiterleben und insofern nicht ganz tot sind.

Damit beschreiben Sie gewiss die entscheidende *Voraussetzung*, aber noch nicht die *Wirklichkeit* der Auferstehung! Würde Gott der ›Entschlafenen‹ *nicht* gedenken, dann blieben sie gewiss für immer tot! Wenn er sich aber als der Schöpfer des Lebens seiner verstorbenen Geschöpfe »erinnert«, wenn er in seiner Liebe »an sie denkt«, dann erschafft er sie auch neu und erweckt sie zum ewigen Leben. Denn er will, dass sie für immer vor ihm und mit ihm erfüllt leben können.

Ließe sich diese Form des Weiterlebens dann vielleicht auch mit einem unvergänglichen Bestandteil des Menschen – z. B. seiner »unsterblichen Seele« – oder mit einem »göttlichen Funken« im Menschen erklären? Dann kehrte der göttliche Funken beim Ableben in das große göttliche Feuer, das ewige Licht zurück, oder das »Weiterleben« wäre als Fortbestehen des Geistes, der Energie oder auch der Materie zu denken.

Gibt es solche Vorstellungen etwa heute immer noch? Damit wurde und wird dem Menschen einerseits zu viel zugeschrieben und andererseits viel zu wenig zugesagt. Nein, wenn wir als Geschöpfe in der Geschichte Adams sterben, dann sind wir – was unsere eigenen Voraussetzungen anbelangt – ganz und gar gestorben und tot. Ich kenne keine unvergänglichen, göttlichen Anteile im natürlichen Menschen! Das Geheimnis der Auferstehung gründet allein in Gottes Treue und in seiner Zusage, dass er seine Menschen der Vergänglichkeit und dem Vergessen nicht endgültig preisgeben will. Das »Göttliche« und die »Unvergänglichkeit« sind also nicht in uns selbst begründet, sondern ausschließlich in Gott.

Und warum sollen das Fortleben in Gottes Gedanken oder das Fortbestehen von Energie oder Geist ›viel zu wenig‹ aussagen?

Weil es unaufgebbar um eine »leibliche« – d. h. persönliche, umfassende und wirkliche – Auferstehung geht. So wie Christus nicht bei den Toten blieb, sondern von Gott, seinem Vater, in ein neues, unvergängliches und herrliches Leben auferweckt wurde, so sollen auch die, die an Christus glauben, mit ihm zusammen ewig vor Gott leben. Auch zwischen Menschen macht es doch einen wesentlichen Unterschied, ob die Beziehung nur noch *in der Erinnerung* besteht oder *in der lebendigen Gegenwart* erfahren wird!

Es fällt uns aber schwer zu glauben, dass »Fleisch und Blut« über das Sterben hinaus Bestand haben können. Wie sollen wir uns denn eine Auferstehung der längst verwesten Körper vorstellen?

Jetzt argumentieren Sie aber schon wie meine Skeptiker in Korinth! Weder bei mir noch bei irgendeinem anderen Apostel war doch je davon die Rede, dass der Mensch in seine alte, natürliche Existenz zurückkehren soll oder dass das ›alte Fleisch‹ – mit all seiner Vergänglichkeit, seiner Unzulänglichkeit und seinem Leiden – wiederhergestellt wird. Es geht uns um die Auferstehung und Verwandlung *aus* dem alten Leib, nicht *in* den alten Leib! Die erste Schöpfung und damit unser erster Leib sind und bleiben als solche vergänglich! Bei der Auferstehung von den Toten handelt es sich vielmehr um Gottes *Neu*schöpfung, die er in der Auferweckung seines Sohnes bereits verwirklicht hat. Allerdings schafft Gott nicht *völlig andere* Geschöpfe – was ja theoretisch auch denkbar gewesen wäre –, sondern seine sterblichen, doch von ihm geliebten Geschöpfe als solche völlig *neu* und *anders*.

Aber warum reden Sie dann von einer »leiblichen« Auferstehung? Wäre Ihr Anliegen nicht doch viel treffender und unmissverständlicher mit dem Gedanken der Fortexistenz des »Geistes« oder der »Seele« erfasst?

Nun, ich spreche ja in der Tat vom »geistlichen« Leib – im Unterschied zum »natürlichen«. Aber ich bezeichne hier mit »geistlich«/»pneumatisch« nicht einen unsterblichen Bestandteil im Menschen, sondern die Herkunft *aus* und die Wirkung *durch* Gottes Geist. Der unvergängliche, himmlische Leib verdankt sich ganz dem Geist und der Kraft Gottes. Er ist nicht mehr wie der erste, der irdische Leib durch die Vergänglichkeit und Schwachheit bestimmt, sondern durch die Herrlichkeit und das himmlische Leben des auferstandenen Christus.

Für uns als Judenchristen, die mit der Schrift groß geworden sind, ist ›Leiblichkeit‹ an sich nichts Negatives oder Minderwertiges. Wir wissen, dass wir als Menschen nicht nur äußerlich einen Leib *haben*, sondern grundsätzlich Leib, d. h. »leibhaftig« *sind* – oder gar nicht sind! Den »Leib«-Gedanken und das ganzheitliche Verständnis vom Menschen kann und will ich keineswegs aufgeben, weil sonst ein ganz entscheidender Aspekt des Evangeliums aus dem Blick gerät.

Es geht uns doch bei der Beschreibung des ewigen Lebens und des Glaubens nicht nur um die menschliche Sehnsucht, in irgendeiner Weise unsterblich zu sein! Im Mittelpunkt unserer Hoffnung steht vielmehr die bleibende Zugehörigkeit zu Gott und die ewige und persönliche Gemeinschaft mit unserem Herrn, Jesus Christus. Nur wenn wir »leibhaftig« leben, können wir Gott lieben und erkennen, ihn sehen und verehren. Nur so können wir im umfassenden Sinne mit ihm Gemeinschaft haben und vor ihm im Kreis all derer, die ihn lieben, glücklich leben.

Wenn Christus uns bei unserem Namen ruft und wir den einzigartigen Namen Jesu Christi anrufen, dann wissen wir, dass Gott *uns selbst* meint – und nicht nur *etwas* an uns! Mit Christus macht uns Gott, der Vater, in der Auferstehung *ganz neu* – aber er macht eben *uns* ganz neu; so wie er in der Auferweckung Jesu Christi ja keine *andere* Person schuf, sondern den für uns Gekreuzigten und Begrabenen *persönlich* von den Toten in seine Gemeinschaft und Gegenwart gerufen hat!

WORAUF ES ANKOMMT

Entscheidend ist nicht,
was wir von Christus
und seiner Liebe *fühlen*,
sondern allein, was
Christus von uns denkt,
was er für uns empfindet
und zu unseren Gunsten tut.

Das aber können wir *wissen*,
und nicht nur ahnen oder fühlen.

Denn wenn er bereit ist,
für uns aus Liebe sogar
sein eigenes Leben einzusetzen –
und das zu einer Zeit, in der wir
nach ihm weder suchen noch fragen –,
dann können wir uns sicher sein,
dass wir ihm alles bedeuten.

Wenn uns aber seine Liebe
schon uneingeschränkt gilt,
während wir ihm gegenüber
noch feindlich und abweisend sind,
wie können wir an ihr zweifeln,
wenn wir uns als Freunde und
Versöhnte an ihn wenden?

Und wenn wir für Christus
so wertvoll sind, dass er an uns
bis zu seinem schmachvollen
Sterben am Kreuz festhält,
wie viel mehr wird er dann als
der Auferstandene und Geehrte
in der Fülle seines Lebens
zu uns stehen!

Röm 5,6-10

WENN GOTT SICH
SELBST ZUVORKOMMT

Wie ist es möglich, dass sich die frühen Christinnen und Christen auf das Kommen ihres Herrn so überschwänglich freuen, wenn sie ihn doch zugleich als den gerechten Richter erwarten? Wie können sie sich im Leiden damit trösten und in ihrem alltäglichen Tun davon motivieren lassen, dass auch sie als Glaubende einmal vor seinen Richterstuhl treten werden, um ihr Urteil aus seinem Mund zu empfangen?

Das Geheimnis liegt nicht etwa in der Vollkommenheit und Unfehlbarkeit oder gar in der völligen Selbstverkennung der ersten Christen – sie wissen sehr wohl um ihre eigene Unzulänglichkeit und ihr Angewiesensein auf Vergebung.[21] Was sie so zuversichtlich sein lässt, ist die Gewissheit, die ihnen durch das Evangelium als der ›guten Nachricht‹ Gottes zugesprochen worden ist. Sie kennen den endgültigen Ausgang des Gerichtes; ihnen ist das abschließende, positive Urteil Gottes bereits im Voraus zugesagt worden, sodass sie darauf vertrauen dürfen.

Auch sie werden freilich angesichts der überwältigenden Liebe Gottes wahrnehmen, dass ihr eigenes Leben weit hinter den Entfaltungsmöglichkeiten und persönlichen Aufgaben zurückgeblieben ist. Auch sie werden – noch bevor irgendjemand Anklage erheben könnte – sich selbst vor Gott schuldig bekennen. Denn wer Gott sieht, wie er wirklich ist, der hört auf, sich selbst zu rechtfertigen und sich herauszureden. In Anbetracht der Wahrheit in Person wird sich kein Mensch mehr selbst belügen.

Wie aber können sich dann die Glaubenden auf den Richter freuen, wenn sie jetzt schon wissen, dass auch sie nach ihrem gelebten Leben vor ihm nicht bestehen werden? Diejenigen, die sich auf das Evangelium von Jesus Christus verlassen, wissen, dass sie nicht infolge ihrer eigenen Gerechtigkeit gerechtfertigt sind, sondern allein aufgrund der Gerechtigkeit Gottes. Denn Gott zeigt sich nicht nur in Hinsicht auf sein eigenes Denken und Tun als treu und gemeinschaftsbezogen, sondern er kommt auch noch für die Rechtfertigung der Ungerechten auf. Er erweist seine Gerechtigkeit darin, »dass er selbst gerecht ist und dass er den an Jesus Glaubenden gerecht macht« (Röm 3,26). So offenbart er sich als der Gott, »der die Gottlosen rechtfertigt« (Röm 4,5). Sein Sohn wird am Kreuz, was die Seinen ohne ihn sind: Sünder, damit sie durch ihn werden, was er ist: Gerechte, d. h. aus der Gerechtigkeit Gottes Lebende (2. Kor 5,21). Für sie ist Christus in Person zu ihrer Gerechtigkeit geworden (1. Kor 1,30).

Die im Glauben Gerechtfertigten wissen, dass auch sie – gemessen an der Liebe selbst – von Gott als gerechtem Richter nur überführt und verurteilt werden könnten. Ihre Zuversicht beruht allein darin, dass der Richter schon vor jenem Tag zugesagt hat, sie als Schuldige und zu Recht Verurteilte endgültig und vollkommen zu *begnadigen*. Um der Liebe willen, die er in dem Kommen seines Sohnes erwiesen hat, spricht er sie unbedingt und wirksam *frei*; in seiner Treue spricht er sie von den Folgen ihrer eigenen Untreue *los*. Er *spricht* sie *gerecht*, indem er sie von sich aus und in seiner Vollmacht gerecht *macht*. Sein abschließendes, erlösendes Urteil: »Du bist gerechtfertigt!«, beschreibt also nicht, was der Mensch *von sich aus* ist, sondern es spricht dem Menschen im Glauben zu, was von sich aus nur *Christus* ist. Seine Zusage: »Du bist frei!«, stellt die Freiheit des Angeklagten nicht *fest* – sondern allererst *her*!

Wer sollte dann die Glaubenden noch verklagen können? Personen und Gründe gäbe es dazu wohl genug – aber *Gott selbst* ist es, der sie begnadigt und freispricht. Wer könnte sie noch verdammen? *Gottes eigener Sohn*, der sogar sein Leben in Zuwendung zu den Menschen am Kreuz gelassen hat und der nun als der Auferstandene zur Rechten Gottes steht, tritt für sie ein. Sie haben einen Richter, der sein Urteil der Begnadigung der Schuldigen rechtsgültig ausspricht, und einen Fürsprecher, der mit seinem ganzen Einsatz für den Freispruch aus Gnaden plädiert.

Hat Gott, der Vater, vor dem Eingreifen Jesu Christi seine Menschen nicht geliebt? Musste der Sohn etwa den Vater allererst umstimmen? Im Gegenteil, es war gerade der Vater, der von sich aus seine

Propheten und Apostel, ja sogar das für ihn Wertvollste, seinen eigenen Sohn, in die Welt sandte. Die Liebe geht vom Vater aus! Und in ihrem gemeinsamen Anliegen, die Menschen für die vollkommene Gemeinschaft in Frieden und Gerechtigkeit zu gewinnen, stehen sich beide in nichts nach: Der Richter spricht sie um der Hingabe seines Sohnes willen geschenkweise frei, und der Anwalt und Verteidiger tritt unter Berufung auf die Barmherzigkeit seines Vaters mit seinem Plädoyer für sie ein. Während der Sohn sich angesichts aller Anklagen schützend vor sie stellt, wendet sich ihnen der Vater selbst fürsorglich und liebevoll zu.

Wenn aber nach dem Evangelium Richter und Verteidiger beide zugleich zu demselben Urteil kommen, wenn uns Gott, der Vater, um Christi willen gerecht spricht, während sein Sohn unter Bezug auf die Treue seines Vaters für unseren Freispruch plädiert, dann gründet die überschwängliche Freude der Glaubenden in der Gewissheit, dass Gott sich im Gericht zu unseren Gunsten sogar noch selbst zuvorkommt!

DURCH DEN, DER UNS LIEBT
RÖMER 8,28-39

Wir wissen aber: Gott hilft denen, die ihn lieben, in allem zum Guten – d. h. zu ihrem endgültigen Heil –, denen, die ja nach seinem Ratschluss – und damit nach seinem Willen und Entschluss – berufen sind. Denn die er ausersehen hat, die hat er auch dazu vorherbestimmt, dem Bild und Wesen seines Sohnes gleichgestaltet zu werden, sodass er der »Erstgeborene« – d. h. als der Erste und in einzigartiger Stellung – unter vielen Brüdern und Schwestern sei.

Die er aber vorherbestimmt hat, die hat er auch berufen; und die er berufen hat, die hat er auch gerecht gemacht; die er aber gerecht gemacht hat, die hat er auch »verherrlicht« – d. h., die lässt er endgültig an seiner Herrlichkeit teilhaben.

Was sollen wir nun dazu sagen? Er, der sogar seinen eigenen Sohn nicht verschont, sondern ihn für uns alle dahingegeben hat, wie sollte er uns mit ihm nicht alles schenken?

Wer sollte Anklage erheben gegen die Auserwählten Gottes? Gott ist es, der gerecht erklärt und freispricht! Wer sollte zum Tode verurteilen? Christus Jesus, der – für uns – Gestorbene, ja mehr noch der Auferstandene, er ist zur Rechten Gottes, und er tritt für uns ein!

Wer sollte uns von der Liebe Christi trennen können? Trübsal oder Bedrängnis oder Verfolgung oder Hunger oder Blöße oder Gefahr oder Schwert? Wie geschrieben steht: »Um deinetwillen werden wir getötet den ganzen Tag, wie Schlachtschafe sind wir angesehen.«

Aber in dem allen tragen wir einen überwältigenden Sieg davon und triumphieren durch den, der uns geliebt hat. Denn ich bin völlig gewiss, dass weder Tod noch Leben, weder Engel noch Gewalten, weder Gegenwärtiges noch Zukünftiges – noch Mächte –, weder Höhe noch Tiefe, noch irgendeine andere Kreatur uns trennen kann von der Liebe Gottes, die in Christus Jesus ist, unserem Herrn.

FREIHEIT UND BEZIEHUNG

In der Liebe wird die Beziehung
nicht als Begrenzung,
sondern als Entfaltungsbereich
ihrer Freiheit erfahren.

Hier gilt die Gemeinsamkeit
nicht nur als das Mittel
zur Erlangung der eigenen
individualistischen Freiheit.
Die Freiheit des Einzelnen
ist vielmehr die Voraussetzung
für das gemeinsame Ziel
der Gemeinschaft.

In der Liebe gilt das Du nicht
als Einschränkung des Ich,
sondern als Grundlage der
Entwicklung des Ich im Wir.

»Ihr seid zur Freiheit berufen, Brüder.
Nur nehmt die Freiheit nicht
zum Vorwand für das Fleisch,
sondern dient einander in Liebe«.

Gal 5,14

KÖNIGLICHE HOHEITEN
ODER: ADEL ENTPFLICHTET

Ja, ja, ich weiß, eigentlich heißt es: »Adel *ver*pflichtet!« Das trifft sicherlich auch zu, aber hier geht es jetzt um einen ganz anderen Gedanken: Wie viel Fantasie, Energie und Zeit verwenden wir darauf, anderen und uns selbst zu beweisen, dass wir etwas Besonderes sind und Außergewöhnliches vermögen? In Ausbildung und Berufsleben, im Bekanntenkreis und in privaten Beziehungen, selbst noch in unserem sozialen und kirchlichen Engagement sind wir immer auch zugleich auf der Suche nach Aufmerksamkeit und Bestätigung. Durch herausragende Leistungen, vorbildliches Verhalten und attraktives – oder zumindest auffälliges – Auftreten versuchen wir die Zuneigung und Beachtung zu gewinnen, ohne die wir nicht leben wollen.

Aber wie oft werden wir enttäuscht, weil wir den Eindruck gewinnen, dass wir viel mehr in unsere Beziehungen investieren, als wir von ihnen gewinnen, dass wir immer unsicherer und unglücklicher werden, je mehr wir uns um die Anerkennung durch andere bemühen? Und dennoch treiben wir das ausweglose Spiel, als wäre es unsere Pflicht.

Dabei vergessen wir nur zu oft, dass wir unseren Wert nicht erst durch die Bewunderung anderer Menschen oder durch unsere außerordentlichen

Leistungen erarbeiten müssen. Unsere Bedeutsamkeit und Würde wird uns ganz unabhängig von unserer eigenen Anstrengung durch die Zuwendung Gottes vermittelt. Wir sind durch seine Liebe geadelt, und durch seine Aufwertung werden wir von der Notwendigkeit der dauernden Selbstdarstellung befreit.

Als Töchter und Söhne Gottes haben wir teil an seiner Königsherrschaft, und als die Schwestern und Brüder Jesu Christi sind wir als Miterben des Sohnes Gottes eingesetzt. Mit ihm als Herrn und König sollen wir einmal zusammen leben und regieren, und in seinem Namen sind wir schon heute ›Kronprinzessinnen‹ und ›Kronprinzen‹ Gottes. So sind wir, während wir bei Menschen noch um Bestätigung betteln, zugleich doch längst vor Gott und seinen Engeln ›königliche Hoheiten‹.

Wer sich von dem Zwang der Selbstbehauptung durch solche Wertschätzung und Auszeichnung entbunden sieht, der wird es kaum als lästige Pflicht erleben, sich seines neuen Adels stets bewusst zu bleiben. – Und falls königliche Hoheiten belieben, mögen sie in diesem Sinne dann auch formulieren: »Adel verpflichtet!«

»Der Geist selbst gibt Zeugnis unserem Geist, dass wir Gottes Kinder sind. Wenn aber Kinder, dann auch Erben; nämlich Erben Gottes und Miterben Christi …«

»Ihm, der uns liebt und uns erlöst hat von unsern Sünden mit seinem Blut und uns zu Königen und Priestern gemacht hat vor Gott, seinem Vater, ihm sei Ehre und Macht in alle Ewigkeit! Amen.«

Röm 8,16f.; Offb 1,5f.[22]

DEN TOD NICHT SEHEN IN EWIGKEIT

Wenn Menschen sterben,
die an den auferstandenen
Jesus Christus glauben,
sind sie dann eigentlich
tot, schlafend oder wach?

Die in Christus ›Entschlafenen‹
leben schon jetzt ganz erfüllt
bei und mit Christus –
und ›schlafen‹ nicht etwa nur.

Es sind vielmehr wir Lebenden,
die so viele Gelegenheiten,
schon gegenwärtig in Christus
zu leben, ›verschlafen‹.

»Ich bin die Auferstehung und das Leben.
Wer an mich glaubt, der wird leben,
auch wenn er stirbt;
und wer da lebt und glaubt an mich,
der wird nimmermehr sterben.«

Joh 8,51; 11,25 f.; vgl. Lk 23,43;
2. Kor 5,6-9; Phil 1,21-23

HEUTE NOCH WIRST DU
MIT MIR IM PARADIESE SEIN!

Was die Frage des
»Zwischenzustands«
zwischen unserem Sterben
und der Wiederkunft Christi
anbelangt, haben nicht die
in Christus Entschlafenen
ein *Seinsproblem*,
sondern wir, die wir
noch an Zeit und Raum
gebunden sind,
ein *Denkproblem*.

Wir Irdischen können
uns die Ewigkeit noch
nicht richtig vorstellen,
während die Himmlischen
sie ganz unabhängig von
unserem begrenzten Denken
schon richtig und unbegrenzt
genießen können:
»Heute noch wirst du mit mir
im Paradiese sein!«

Lk 23,43

OB WIR LEBEN ODER STERBEN

Unsere Furcht vor dem Sterben
steigert sich in dem Maße,
wie wir unsere Furcht vor dem Leben
weder eingestehen noch besiegen können.

Wenn wir gegenwärtig nicht wissen,
wem wir im Leben wirklich zugehören,
dann wird es wohl auch in der Stunde
unseres Sterbens kaum anders werden.

Erfüllt leben bedeutet, Gemeinschaft,
Zuwendung und Anerkennung
zu empfangen und zu schenken.
Wenn wir *sind*, dann sind wir *in Beziehung*.
Und mit dem Verlust unserer tragenden
und lebensfördernden Beziehungen
erscheint uns unser Leben selbst bedroht.

Wie konnten Glaubende immer wieder –
sogar in Verfolgung und Einsamkeit –
dem Ende ihres Lebens so zuversichtlich
und gelassen entgegensehen?
Sie hatten persönlich doch weder Einblick
in den Raum, in den sie eintreten sollten,

noch konnten sie um ihre eigenen
Gefühle und Umstände
des nahenden Sterbens wissen.

Sie wussten zwar nicht, wie sie selbst sich
in der Stunde ihres Todes verhalten würden,
wohl aber, wie sich ihr Herr zu ihnen verhält.
Sie konnten nicht ahnen, was sie hinter
der Tür ihres Sterbens erwarten würde –
wohl aber *wer*!
Sie waren persönlich über die bedrohliche
Schwelle noch nicht gegangen,
sie hatten aber einen Herrn gefunden,
der diesen dunklen Weg für sie bereits
vorangegangen war – und lebte!

Es war auch für sie noch völlig ungewiss,
welche Furcht und Dunkelheit nach ihnen
in der Todesstunde greifen würde,
sie wussten nur, wer sie –
und dies bereits im Leben –
persönlich fest ergriffen hatte.
Wie sollte er, dem sie sich doch
vorbehaltlos anvertraut hatten,
sie ausgerechnet im Augenblick
der größten Not
den anderen Mächten überlassen.

Sie *lebten*, denn sie lebten *in Beziehung*;
und diese Beziehung war für sie
so tragend und bestimmend,
dass sie auch angesichts des Todes
nicht erschüttert wurde.
Ihr Herr half ihnen,
die Angst vor dem Tode zugleich
mit der Angst vor dem Leben
zu erkennen und zu überwinden.

»Denn keiner von uns lebt für sich selbst,
und keiner stirbt für sich selbst.
Leben wir, so leben wir dem Herrn;
sterben wir, so sterben wir dem Herrn.
Ob wir also leben oder ob wir sterben –
wir gehören dem Herrn.
Denn dazu ist Christus gestorben
und lebendig geworden, dass er
über Tote und Lebende Herr sei.«

Röm 14,7-9

MÖGE GOTTES SEGEN MIT DIR SEIN

Möge Gottes Segen mit dir sein,
wohin du auch gehst,
was dir auch geschieht.
Seine Liebe lässt dich nicht allein.
Wenn du nur verstehst,
dass er mit dir zieht.

Sei gewiss, er wird dich leiten.
Gott sieht stets auf dich;
er wird dich behüten Tag und Nacht.
Seine Gnade weicht nicht von dir,
hat dich stets bewacht.
Er beschütze dich mit aller Macht!

Was will er durch dich bewirken?
Wohin führt dein Weg?
Wo und wie sollst du ein Segen sein?
Er, der dich beruft, ist bei dir
und steht für dich ein.
Alles, was er zusagt, ist schon dein.

Möge Christus dich beschenken,
mache er dich frei,
gebe er dir alles, was dich heilt.
In der Not sei er dein Retter,
der zur Hilfe eilt,
der sogar sein Leben mit dir teilt.

Ob wir uns bald wiedersehen
oder lange nicht,
einmal werden wir zusammen sein.
Lachend und erfüllt von Freude
stimmen wir dann ein
in ein neues Lied für ihn allein.[23]

UNENTBEHRLICH

Das Geheimnis des Glaubens
erschließt sich mir,
indem ich lerne, dass ich
für mein eigenes Leben
entbehrlicher bin als Gott,

und indem ich erkenne,
dass Gott mich
in seinem Leben
niemals mehr
entbehren will.

DU BIST DAS LICHT IN MEINER NACHT

Du bist das Licht in meiner Nacht,
leuchtest mir hell, wenn niemand wacht;
führst meinen Fuß auf schmalem Steg.
Wie fänd ich sonst nur meinen Weg?

Du bist mein Fels, du bist mein Heil,
bist meine Burg, zu der ich eil;
bist Zuflucht mir, Stärke und Schild.
Was du mir bist, erfasst kein Bild.

Du bist das Brot, das mich ernährt,
hast mir in Not Stärkung gewährt;
gibst dich für mich, hast dich geteilt.
Hunger und Leid hast du geheilt.

All meinen Durst hast du gestillt,
weil aus dir selbst das Wasser quillt,
das mich belebt, das mich erfreut.
All meine Furcht hast du zerstreut.

Du bist der Weg, auf dem ich geh,
Wahrheit bist du, zu der ich steh,
du bist mein Ziel, das mich erreicht,
Leben bist du, dem niemand gleicht.

All dies bist du und noch viel mehr,
du bist, was ich ewig begehr.
Wärst du nicht da, wo wäre ich?
Mehr als mich selbst, liebe ich dich![24]

ANHANG

1 »Wenn es rundgeht« – Zur symbolischen Rede vom festen Stand der Füße vgl. Ps 26,12; 31,9; 40,3; 56,14; 66,9; 73,2; 91,12; 121,3.

2 »Sieh die Sterne hoch am Himmel« – Als Lied eingesungen auf CD: Hans-Joachim Eckstein – Lieder, Eckstein Production/SCM Hänssler 2015, Nr. 9; mit Noten abgedruckt in: H.-J. Eckstein, Lieder – Liederheft, Holzgerlingen 2015.

3 »Wir arbeiten daran« – In Aufnahme einer Antwort Erich Kästners.

4 »Salome« – S. zum Nachfolgeruf Jesu im Anschluss an die Ankündigung seines Leidens Mk 8,31.34-38; 9,31.35-37; 10,43-45; s. zu Maria von Magdala neben Mk 15,40 ff.; 16,1 ff. vor allem Lk 8,1-3 und Joh 20,1-18; s. zum Buch des Lebens Lk 10,20; Phil 4,3; Hebr 12,23; Offb 3,5; vgl. Ps 139,16; Jes 4,3; Dan 12,1; Mal 3,16. – Der Name der Tochter der Herodias bleibt im Neuen Testament hingegen ungenannt; s. Mk 6,14-29 par.

5 »Kennen Sie das?« – S. zur grundsätzlichen Erkennbarkeit Gottes bei gleichzeitigem Unverständnis der Menschen Röm 1,19-21; Apg 14,15b-17.

6 »Wer bist du?« – S. zur Christuserkenntnis Apg 9,3-6; 2. Kor 4,4b-6; Phil 3,7-11.

7 »Nichts kann dich mehr trennen« – Als Lied eingesungen auf CD: Hans-Joachim Eckstein – Lieder, Eckstein Production/SCM Hänssler 2015, Nr. 11; mit Noten abgedruckt in: H.-J. Eckstein, Lieder – Liederheft, Holzgerlingen 2015.

8 »Die eine heilige Kirche?« – Zur Kirche Christi als Einheit s. Röm 12,3 ff.; 1. Kor 12,12 ff.; Eph 1,23; 2,14 ff.; 4,4 ff.; Joh 17,20 ff.

9 »Staustufe« – Zu »Menschenfischer« s. Mt 4,19; Lk 5,10; vgl. Jer 16,16; Hes 47,10; Mt 13,47. — Die sogenannten Steigpässe bzw. -stufen bei Flusswehren sollen Fischen das Aufsteigen beim Wandern zu ihren Laichplätzen erleichtern.

10 »Mit dem Schrecken davongekommen« – Zur Gerichtsankündigung Gottes mit der Metapher des Angriffs durch wilde Tiere vgl. Am 3,8.12; 5,19; Hos 5,14; 13,7 f.

11 »Die Gegenwart des Kommenden« – Als Lied mit Noten abgedruckt in: H.-J. Eckstein, Lieder – Liederheft, Holzgerlingen 2015.

12 »Noch einmal von Neuem« – Zitat 2. Kor 5,20.

13 »Nur das Beste!« – S. Joh 3,16; 1. Joh 4,9 f.; Röm 5,8; 8,31 f.; Eph 2,4 ff.; zur in der Lebenshingabe erkennbaren Liebe des Sohnes s. Joh 13,1; 15,12 f.; 1. Joh 3,16; vgl. 2. Kor 5,14 f.; Gal 2,20; Eph 5,2.25b; Offb 1,5b; zur Versöhnung der Welt in Christus s. Röm 5,1-11; 2. Kor 5,14-21.

14 »Humor ist…« – Der letzte Satz wird als Zitat Albert Camus zugeschrieben.

15 »Schöpfungsgelassenheit« – Zur Ruhe am siebten Tag s. 1. Mose 2,2 f.; 2. Mose 20,11; vgl. Hebr 4,4.9 f.

16 »Schöpfungsglaube…« – Zur Erschaffung durch das Wort Gottes s. neben 1. Mose 1 auch Ps 33,6.9; Röm 4,17b; Hebr 11,3; zur Wirklichkeit der neuen Schöpfung: Jes 43,18 f.; 2. Kor 4,6; 5,17; Eph 2,10; Hebr 13,20 f.

17 »Unter dem Schatten deiner Flügel!« – S. 2. Mose 23,20; 1. Kön 19,5; Ps 34,8; 91,11; Mt 18,10; 28,5-8 par.; Lk 2,8-20; 22,43; zur Überschrift s. Ps 17,8; vgl. Ruth 2,12; Ps 36,8; 57,2; 63,8; zu Gottes menschlichen Botschaftern z. B. 2. Kor 5,20.

18 »So kann man sich täuschen« – Zum Thema Anfechtung s. 1. Kor 10,13; Eph 6,10-18; 1. Petr 1,6-9; Hebr 2,18; 4,15; Jak 1,2-4.12. Vgl. Hiob; Ps 13; 42 f.; 57; 63; 73; 77.

19 »Wird es reichen?« – S. zur Heilsgewissheit – auf die *Gegenwart* bezogen: Joh 3,15 f.36; 5,24; 6,37.39 f.47.54; 8,51; 11,25 f.; 17,2.6 ff.; 20,31; Apg 16,30 f.; Röm 5,1 (vgl. 1,16 f.; 3,21 – 4,25); 6,22 f.; 8,1.16 f.28 ff.; 10,9-13; 2. Kor 1,21 f.; 5,5-8; Eph 1,13 f.; 1. Thess 1,4 f.; 1. Joh 3,1 f.14.19 f.; 4,13; 5,11-13; Hebr 11,1. S. zur Heilsgewissheit – auf die *Zukunft* bezogen (*Perseveranz*/das Beharren im Heil): Ps 37,23 f.; 89,31-36; 103,3 f.8-13; 146,5 f.; Jes 54,10; Hes 37,26; Mt 24,22.24; Joh 10,27-30; 17,9-11b.15; Röm 3,2 f.; 8,28-29; 11,29; 14,4; 1. Kor 1,8 f.; 10,13; Phil 1,6; 1. Thess 5,24; 2. Thess 3,3; 2. Tim 1,12; 2,13; 1. Petr 1,5; 1. Joh 2,19. Die Gewissheit des Heils als feste, uneingeschränkte und begründete »Gewissheit«/*certitudo* im Sinne von ›Christusgewissheit‹ (im Gegensatz zu einer unberechtigten und falschen »Sicherheit«/*securitas* im Sinne von ›Selbstsicherheit‹).

20 »Interview mit Paulus« – Als alttestamentliche Verheißungen einer von Gott gewirkten Auferstehung zum Leben wurden – mit unterschiedlicher Eindeutigkeit – erkannt: 1. Sam 2,6; Hiob 19,26 f.; Jes 25,8; 26,19; Hes 37,1-14; Dan 12,2.13; Hos 6,2; 13,14; vgl. Hebr 11,19; im Sinne einer »Entrückung« der Lebenden hin zu Gott 1. Mose 5,24; 2. Kön 2,11; Ps 49,16; 73,24; vgl. Hebr 11,5; zur Argumentation mit Sadduzäern s. Mk 12,18-27 par.; Apg 23,6 ff.; zum Zusammenhang zwischen der Auferstehung Jesu Christi und der Auferstehung der an ihn Glaubenden s. Röm 8,11; 14,9; 1. Kor 6,14; 15,12 ff.; 2. Kor 4,14; 1. Thess 4,14.

21 »Wenn Gott sich zuvorkommt« – S. zum Ganzen Röm 8,28-39; zur Vergebungsbedürftigkeit Röm 3,23 ff.; 1. Joh 1,8-2,2; zur Fürsprache Christi für die Seinen Röm 8,34; Hebr 7,25; 1. Joh 2,1; zur schenkenden und heilvollen Gerechtigkeit Gottes Röm 1,16 f.; 3,21 f.25 f.; 2. Kor 5,21; Phil 3,9; zu Christus als ›der Gerechtigkeit‹ für die Seinen und zum ›seligen Tausch‹ zwischen Christus und den Menschen

1. Kor 1,30; 2. Kor 5,21; 8,9; Gal 3,13; zur Rechtfertigung des Sünders allein durch Christus im Glauben Röm 1,16 f.; 3,21 ff.; 4,1 ff.; 10,3 f.9-17; Gal 2,16 ff.; 3,1-4,7; Phil 3,9; zur gegenwärtigen Gewissheit der endgültigen Rechtfertigung durch Gott Röm 3,24.26; 4,5; 5,1.8-10; 8,16 f.28 ff.38 f.; 9,30; 10,9-13; 11,29; Gal 2,16; Phil 1,6.

22 »Königliche Hoheiten« – Vgl. zu den Erwählten Gottes als »Königen« und »Priestern« 2. Mose 19,6; Jes 61,6; Offb 5,10; 20,6.

23 »Möge Gottes Segen mit dir sein« – Als Lied eingesungen auf CD: Hans-Joachim Eckstein – Lieder, Eckstein Production/SCM Hänssler 2015, Nr. 2; mit Noten abgedruckt in: H.-J. Eckstein, Lieder – Liederheft, Holzgerlingen 2015.

24 »Du bist das Licht in meiner Nacht« – Als Lied eingesungen auf CD: Hans-Joachim Eckstein – Lieder, Eckstein Production/SCM Hänssler 2015, Nr. 7; mit Noten abgedruckt in: H.-J. Eckstein, Lieder – Liederheft, Holzgerlingen 2015.

INHALT

DER AUTOR

Dr. Hans-Joachim Eckstein, geb. in Köln, ist seit 2001 Professor für Neues Testament an der Evangelisch-theologischen Fakultät der Universität Tübingen, zuvor an der Universität Heidelberg. Bis 1996 war er Pfarrer der Ev. Landeskirche in Württemberg im Hochschuldienst.

Vielen ist er durch seine lebendigen Vorträge und eindrücklichen Predigten sowie zahlreichen Veröffentlichungen und Gemeindelieder bekannt. Seine Bücher, die zu einem befreienden und lebensbejahenden Glauben einladen, sprechen durch ihren persönlichen und sprachlich gewinnenden Stil an.

Ob in Universitäts- oder Gemeindeveranstaltungen, ob in Sachbüchern oder in lyrischer und meditativer Literatur, Hans-Joachim Eckstein gelingt immer wieder der Brückenschlag zwischen Glauben und Denken, zwischen Universität und Kirche, zwischen Landeskirchen, Freikirchen und Gemeinschaften. Gerade mit seinen lyrischen und aphoristischen Texten spricht er zugleich auch viele Menschen an, die sich dem Glauben gegenüber bisher eher distanziert empfanden.

Für seine pädagogischen und didaktischen Fähigkeiten wurde ihm vom Land Baden-Württemberg der Landeslehrpreis verliehen. Für seine besondere Basis- und Gemeindenähe in Lehre, Publikationen und Beratung sowie für sein Brückenbauen zwischen wissenschaftlicher Theologie und Gemeindeglauben erhielt er den Sexauer Gemeindepreis für Theologie.

Er ist Synodaler der Evangelischen Landeskirche in Württemberg und Mitglied der Kammer für Theologie der Evangelischen Kirche in Deutschland.

Unter den fachwissenschaftlich-theologischen Veröffentlichungen des Autors siehe vor allem: »Kyrios Jesus. Perspektiven einer christologischen Theologie«, Neukirchen, 2. Aufl., 2011; »Der aus Glauben Gerechte wird leben. Beiträge zur Theologie des Neuen Testaments«, 2. Aufl., Münster 2007; »Verheißung und Gesetz. Eine exegetische Untersuchung zu Gal 2,15 – 4,7«, Tübingen 1996.

Näheres zur Person und zu den Veröffentlichungen unter:
www.ecksteinproduction.com
www.ev-theologie.uni-tuebingen.de/hjeckstein

BÜCHER VON HANS-JOACHIM ECKSTEIN

Glaube, der erwachsen wird
Hc., 128 S., Nr. 393.836, ISBN 978-3-7751-3836-9

Zur Wiederentdeckung der Hoffnung
Grundlagen des Glaubens 1
Hc., 144 S., Nr. 393.898, ISBN 978-3-7751-3898-7

Glaube als Beziehung
Von der menschlichen Wirklichkeit Gottes
Grundlagen des Glaubens 2
Hc., 176 S., Nr. 394.458, ISBN 978-3-7751-4458-2

Wenn die Liebe zum Leben wird
Zur Beziehungsgewissheit
Grundlagen des Glaubens 3
Hc., 240 S., Nr. 395.180, ISBN 978-3-7751-5180-1

Von frisch verliebt bis wohlvertraut
Lass uns Liebe lernen
Hc., 176 S., Nr. 395.548, ISBN 978-3-7751-5548-9

Du liebst mich, also bin ich
Gedanken – Gebete – Meditationen
Hc., 160 S., Nr. 395.450, ISBN 978-3-7751-5450-5
Als Hörbuch: Compact Disc
Nr. 395.168, ISBN 978-3-7751-5168-9

Ich habe meine Mitte in dir
Schritte des Glaubens
Hc., 128 S., Nr. 393.538, ISBN 978-3-7751-3538-2

Du hast mir den Himmel geöffnet
Perspektiven der Hoffnung
Hc., 176 S., Nr. 393.787, ISBN 978-3-7751-3787-4

Himmlisch menschlich
Von der Stärke der Schwachheit
Hc., 160 S., Nr. 394.502, ISBN 978-3-7751-4502-2

Du bist Gott eine Freude
Glaubensleben – Lebenslust
Hc., 192 S., Nr. 395.505, ISBN 978-3-7751-5505-2

Du bist ein Wunsch, den Gott sich selbst erfüllt hat
Hc., 176 S., Nr. 395.421, ISBN 978-3-7751-5421-5

Hans-Joachim Eckstein, Liederbuch
36 beliebte und aktuelle Lieder
Gh., 40 S., Nr. 395.662, ISBN 978-3-7751-5662-2

Hans-Joachim Eckstein, Lieder
Audio-CD, Nr. 097.340, EAN 4010276028079

Bitte fragen Sie in Ihrer Buchhandlung nach diesen Titeln!
Oder schreiben Sie an: SCM Verlag, D-71087 Holzgerlingen;
E-Mail: info@scm-verlag.de; Internet: www.scmedien.de